mig
ACRYLIC COLOR
A.MIG-040
A.MIG-070
MARK FIT
STRONG
よせ246
Photo etch
Mr. JUST

▲ファインモールドの最新キット、1/72の150トン戦車「オイ車」。数年前に発掘した未発表資料によるキット化である。

INTERVIEW

最初からかっこいいと思えるほど甘くない

帝国陸軍戦車の大半をキット化したファインモールドの鈴木邦広社長、通称、金さん。いきなり玄人好みの日本戦車にはまったおっさん子供が模型メーカーの社長になるまで、そしてややこしい日本戦車の塗装を明快に語る情熱の三時間インタビュー。

帝国陸海軍と一体化してほとばしる情熱

編集　ファインモールドの日本軍キットのインストは実車の解説が本当に充実していて、もう立派な戦記読み物みたいで、メーカーの情熱がほとばしってますよね。誰が言ってたのか思い出せないけど、模型のインストに「我が軍は」「敵は」って書いてあるのを見たのは初めてだって。

鈴木　だって敵は敵じゃないですか。まァ、そうやって書いてありますよ。

編集　敵は敵だけど、帝国陸海軍の敵は金さんの敵でもあるんですね。社長自身が日本軍キットと一体化してる。

鈴木　ずっと調べていると、そうなっちゃうんです。いまは、１５０トンの超戦車、オイ車がどこからやってきたのかって調べてる。ウチに開発がスタートしてからの史料は全部あるんですが、なんのために作ったのか？ってことがわからない。おそらく対要塞戦、ウラジオ要塞を攻略するために作ったのかなくらいしかわからない。機動戦では使うこと考えてないですもの、要塞の火点を制圧するための戦車だったんでしょう。

編集　その資料を手に入れた時、もうキット化するって決めてたんですか？

鈴木　いや、僕が手に入れないと、またどっかに埋もれちゃうに違いないって、その恐怖の方が強かった。この資料の存在を知った時、すごい悩んで何日も眠れなかった。で、電話して、メールも出したら連絡がついて。なんとか譲ってもらって。だから模型化できて良かった。『World of Tank（以下：ＷｏＴ）』の中で、ゲームとはいえこの１５０トン戦車が動くようになって、日本陸軍が果たせなかった夢が実現したんです。原資料をそのままではなくて、あえて１／72スケールキット用の三次元データを起こして渡したんです。そしたら、ファインモールドのプラモデルとまったく同じものが動くことになる。ＷｏＴがなかったらオイ車はいつかできるかね、いつかやろうね、といつまでも日の目を見なかったんじゃないかと思いますよ。資料を手に入れてから、もう6、7年は経ってますから。買った資料はダンボール7、8箱分もありましたけど、うち使える資料は2箱分でしたね。でもこの資料があったから五式戦車をキット化することができたんです。八九式中戦車の甲型と乙型の違いも、その資料ではっきりわかった。

おっさん子供、鈴木少年の日本戦車元年

編集　そもそもなんで日本軍の戦車に興味を持つようになったんですか？

鈴木　高校生のころ、１９７６年のホビージャパン誌に日本戦車のスクラッチビルド製作の連載があって興味をもったんです。日本戦車って形がおもしろいじゃないですか。例えば九五式軽戦車なんて砲塔はいびつになってるし、車体は非対称だから、四方向から見ると全部表情が違って見えるんですよ。ティーガーなんかだと右前方から見ても、左後方から見ても、印象はだいたい同じじゃないですか。でも、いわゆる格好がいい戦車ではないですね。当時の僕ら、中学生がイメージする強そうな姿でもない。対戦車戦闘に強そうなティーガーとかみたいに。でもマニア心っていうのができてくると、何か、人の知らないものが欲しくなるんです。ただそのころはまだ自分でも日本の戦車からは、日本の軍艦や飛行機に見られる日本らしいデザインの美しさが見出せなかった。最近になってわかって来たんです。戦車にも日本らしさっていうか、飛行機なんかと同じように、日本の線とか形があるってことが。日本戦車って、見て、最初からかっこいいと思えるほど甘くはなくて、玄人好みなんです。日本戦車かっこいいって言う人はたいてい、ドイツとかロシアとか、いろいろな国の戦車を見たり作ったことがある人なんです。

編集　そう、この良さは、おっさんにならないとよくわからない。

鈴木　僕は、中学生とか高校生の時、その魅力にとりつかれちゃったわけですよ。普通なら、おっさんになってから好きになる物を、そんなころから好きだったのは、なんでかと言われると、やっぱり変わってたんでしょうね。それで当時は、そもそも日本軍自体にも興味があったんです。自分の父親が帝国陸軍の兵隊でしたからね。父親ばかりじゃなくて、周囲の大人に「おじさんはどこの部隊にいたの？」って聞きまくる変な子供でしたね。で、とくにどこに興味があったかっていうと、誰も知らない日中戦争です。でも当時、どこにも写真がなかった。毎日新聞から「一億人の昭和史」が出て、そのシリーズの「日本の戦史」全10巻が出たのが78年ごろ。第1巻が「日中戦争１」ってヤツで。あれはもう、すぐに買ったもん。

編集　タミヤから１／35の九七式中戦車が発売になったのもちょうどそのころですね。

鈴木　タミヤがミリタリーミニュチュアの新製品として九七式中戦車を発売したのは、１９７５年、昭和50年で高校二年生でした。名古屋に買い出しに行くときに、タミヤの細長い新製品のチラシが貼られているのを名古屋市内にあった光速モデルセンターというお店で見たんです。「ええっ、九七!!」って、いまでも忘れられない。

編集　その後、１／35で九五式軽戦車をスクラッチビルドしたんですよね。

鈴木　高校を卒業したばかりの19歳か20歳のころで、静岡のＡＦＶの会に持って行きました。タミヤの九七式中戦車の転輪を裏返しにして使ったり、履帯はそのまま流用しちゃったので、ちょっと幅が広すぎて。

編集　反響はどうでしたか？

鈴木　その時は、大貫君がもう八九式戦車をスクラッチして来てて。自信満々で九五を作ってきたら、八九があってびっくり。キャタピラも全部作ってあって。で、どうやって作ったのって聞いたら、当時はシリコンゴムなんてなかったから。バスコークっていうコーキング剤で型をとってＦＲＰ（ポリエステル樹脂）で複製したって言う。真似したんだけど、ＦＲＰが硬化しないんですよね。こんなでよく一個一個型抜きして履帯を作ったなって思って、それは衝撃的だった。九五はダイオラマにして持って行ったけど、八九の方がすごいって霞んじゃいました。でも、ダスライヒ（模型クラブ）の人が「こういうものを作る人はめずらしい、8月に富士学校の開校祭があるから一緒に行きましょう」って声を

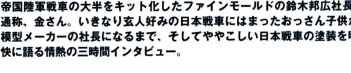

「僕が買わなかったら、この資料は消えるなっていう使命感があって」

「歩く関東軍って言われてましたよ」

中学生の頃から40年以上が経過しても、未だ日本戦車の謎を究明しつづけるファインモールドの鈴木邦広社長「金さん」

▶茨城県の阿見町にある陸上自衛隊武器学校で可動に復元、動態保存されている八九式中戦車乙型。写真の背景がなんとなく霞んでいるのは、自走してきた八九式があげた砂塵の影響。足周りの汚れ具合も動き回れる本当の本物の汚れ具合だ。ガールズ&パンツァーに八九式が登場したのも、水島監督が武器学校で、この八九式を見たから。そんなことで、劇中の八九はこの塗装だが、型式から言うと、この八九式乙型ではなくて、甲型である。古武士を彷彿とさせる金さんが大好きなデザインの戦車である。

かけてくれた。そのとき、富士学校で六一式とか、七四式とか、初めて本物の戦車を見たんですよ。その後、タミヤのドイツ軍の37㎜対戦車砲の車輪を木のスポークに代えて、ソ連軍の37㎜砲に改造して、それを日本軍が捕獲して使っているような作品を作って。みんなめずらしいって見てくれたけど、誰も日本軍のことを何も知らないから話が広がらない。なんで日本人なのに、日本のことを知らないんだって思って。だから自分で模型のクラブを作る時も、当時はみんなドイツ軍戦車が好きだったから、ダスライヒとか、カンプグルッペジーベン、フルンズベルグみたいな名前にしてたんだけど、もう僕のところは断然日本語で「無限軌道の会」にしたんです。

ファインモールド社創業、日本戦車の極致を製品化

編集　その後、ファインモールドを創業して、文字通り家のガレージで、ガレージキットを作りはじめましたよね。

鈴木　'88年ごろ、メタルで一式47ミリ速射砲を作りました。所詮ガレージキットだったから、売れ行きは大したことなかったですけどね。その次が九四式速射砲。インジェクションプラスチックで九五式軽戦車をキット化したのは1993年ですから、タミヤの九七が出てから18年かかりました。九五は初めて作った戦車のキットだから試行錯誤の連続でした。飛行機は九六艦戦や、彗星をすでにキット化してましたけど、戦車は作ったことなかった。当時はハセガワさんにキットを流通させてもらっていて、最初は9800円っていう、もうモデラーが死ぬような値段でした。でも売れましたよ。もちろん、そんな数は売れなかったけど、ちゃんと利益は出ました。ああっ、良かったなァと思って。九五の次は九七式軽装甲車。これはあんまり売れなかった。やっぱり九五までは知ってても、みんな九七軽装甲は知らないんですよ。

編集　九七軽装甲は砲塔はコンバーチブルだし、砲尾パーツもフィギュアもついてるすごいキットだったのに。でも売れないからといって挫けなかったんですね。そもそもなんで、まず九五をキット化したんですか？

鈴木　九五はほしかったですよね。九七はタミヤのがあったから、後は九五しかないんですよ。まず日本戦車と言ったら、このふたつしかないんですよ。当然の選択なんです。で、ロシアのクビンカ戦車博物館で実車を取材できたんでキットになったんです。九五は当時、京都の嵐山美術館にもあったけどフェンダーが取れちゃったりしてて、あまりいい状態ではなかった。海外で戦車を見たっていうのも、この時のクビンカが初めてでしたね。九七軽装甲、九四軽装甲も全部、クビンカでの取材でキット化できたものです。

編集　何か使命感のようなもの感じて日本戦車を出し続けてるんですか？

鈴木　使命感って言うより、やっぱり自分がほしいからですよね。自分が好きだからやってるんです。僕だけじゃなくて、日本人のなかにはもともと日本の戦車の形に惹かれる何かが埋まってるんでしょうね。なんでだかわかないんですけど、かっこよく見えるんですよね。でも、僕が好きなのは後期の戦車じゃなくて、中期以前のよくて九七の新砲塔まででしょうか。後期のは対戦車戦闘を意識し始めたんだけど、それを消化しきれてないんですよね。だから僕は初期の九五なんかが、日本戦車の極致かなって思っちゃうんですよね。模型として見た場合、えも言われぬ魅力がありますよね。

編集　やっぱり九五がいちばん好きですか？

鈴木　そうですねえ。あとは八九ですかね。八九はビッカース戦車のイギリスの血を残しつつも、古武士ですか。日本の古武士を彷彿とさせる形をしてますね。

迷彩は塗装職人のお好み次第

編集　日本戦車で、まず悩むのが迷彩塗装。かなり複雑ですが、どう塗ればいいんでしょう？　キットの塗装図通りにきっちりと塗るのか、それともおおよそ適当でもいいのか？

鈴木　それはもう適当ですよ。日本の戦車の初期の黄色い帯が入った迷彩は塗り分けを工場の塗装職人に一任してます。だから決まったパターンは存在しない。ただ、人間のやる

ことだからその人の癖がでるから、おおよそ似た感じにはなりますね。

編集　すると、部隊ごとおおよそ同じように塗られた車両が並んだりする？

鈴木　違います。塗装は部隊ごとじゃない。生産のロット自体に塗装職人がひとりじゃなくて何十人もいて、いっぺんに塗る。だから、職人毎にいろんな迷彩の車両ができて、同じロットから来た同部隊の車両でも塗装のパターンはまちまちになるんです。大まかにメーカーによって特徴はありますけどね。例えば三菱の九七だと黄色線のうねりが大きいし、日立製は少ない。千葉の戦車学校の写真を見ると三菱製と日立製が混在していたり、とにかくまちまちです。

編集　部隊での再塗装は禁止なんですよね。

鈴木　してません。

編集　迷彩の色、例えば茶色と緑の面積比率なんかは決まってるんですか？

鈴木　ざっくりだと思います。後期の迷彩になると三色迷彩の各色が何パーセント、何パーセントって決まってますね。

編集　すると、例えばドイツ戦車だと、迷彩を現地で乗員が勝手に塗ったりするわけだから、基本の色さえ使えばなんでもありですが、日本も塗装職人が好きなように塗っているわけなので、基本の色を使って迷彩は好き勝手に塗ってもいい、ということですね。

鈴木　そういうことです。あんまり厳密にこうでなくてはいけないということはないです。写真をよく見ると、いろんなパターンがあるんです。例えば九七軽装甲なんかは黄色いべた塗りがあったりする。例えば九七は二千両ありました。九五も二千両ありました。ところがどれひとつとして同じ迷彩の車両はなかったんです。と、いうのは迷彩っていうのは同じパターンの繰り返しになっちゃったら、迷彩としての効果がなくなっちゃうから。

編集　なるほどそれが迷彩の原理原則ですよね。それはその原則に則って意図的に迷彩パターンをまちまちにしたんでしょうか、それとも職人が手で塗ったから結果としてバラバラになっちゃったのか。

鈴木　塗装職人に一任してるってことは、塗装パターンが不揃いになるってことを予測して、敢えてやってるってことですね。

編集　それは資料がある？　それとも鈴木さんの推測ですか？

鈴木　推測です。でも結果としてそうなってるってことですね。

編集　合理的だったってことですか。

鈴木　そう、だから写真見ても同じようなパターンの迷彩はふたつと見られないんです。

編集　なるほど、現代は迷彩もおおよそでもパターン化した方が量産しやすいからパターンを決めるけど、迷彩の本来の原理を考えると一台一台、違った迷彩をした方が良かったってわけですね。

鈴木　迷彩の色毎の面積比はだいたい決まってるはずだから、例えばキットのインストに載っいる塗装図を参考に、おおよそ同じような面積比で塗ってもらえればいいんです。

凝りに凝っていた迷彩も、切羽詰まって単色塗装に

編集　日本戦車の迷彩塗装は時期によって変わって行きますよね。

鈴木　そう、最初は色と色の境目に黒い線が入った六色迷彩。この六色迷彩で塗られていたことがわかる証拠写真があるのは八九と九四軽装甲で、九七はない。そこから推測して、この黒い境界線が入った六色迷彩が使われていたのは昭和12年より前だったってことですね。それ以降、昭和19年までが黄色い線が入ったポピュラーな迷彩。で、19年からスプレーで塗ったドイツ戦車みたいな三色迷彩になるんですね。

編集　で、末期は単色になるんですか？

鈴木　そうですね。昭和30年より前、赤羽に米軍のデポがあったころ、竹内昭(日本戦車研究家)さんがオリーブドラブに塗られた三式中戦車を見たって言ってるんですが、銘板もそのままだったとすれば、それはオリーブドラブに塗られたんじゃなくて、もともと単色の塗装だった可能性が高い。日本陸軍の迷彩色の土草色ってオーリブドラブそのものの色合いですから。終戦からまだ何年もたっていないのに、わざわざ全体を塗り直す必要もなかっただろうし。だから部隊によっては土草色単色の三式中戦車を使っていたってことになります。それから四式中戦車も単色です

▲終戦後、日本国内の道端に遺棄され、米軍に撮影された九五式軽戦車。少々退色してはいるが、このめずらしいカラー写真から昭和19年ごろの日本戦車の迷彩色を知ることができる。武装とナンバープレートは撤去され、日本戦車にはよくあることだが、マーキングは一切施されていない。

▲中国大陸の市街地を進む八九式中戦車甲型。各迷彩色の境目に黒い線が入っているのに注意。昭和12年以前に使われていたと思われる初期の日本戦車の六色迷彩である。この迷彩が施されている例が写真で確認できるのは、この八九式中戦車と、九四式軽装甲車のみである。

◀マレー半島でオーストラリア軍の2ポンド対戦車砲で撃破された五反田戦車隊の九五式軽戦車。黄色い帯が入ったもっとも一般的な日本軍戦車の迷彩塗装がはっきりわかる。九五式軽戦車は元来、戦車としてではなく、騎兵支援の機動装甲車両として作られたため、当時標準的だった37㎜級の対戦車砲の射撃に対する抗堪性が考慮されていなかった。その結果、対戦車火器に遭遇すると、容易に撃破されてしまった。

▲昭和12年、上海での市街戦で上海海軍特別陸戦隊の将兵を支援する八九式中戦車甲型(手前)と、ビッカース・クロスレイ装甲車(奥)。八九式は緑色、クロスレイ装甲車はカーキ色の単色塗装であった。白黒写真だが両車の色調の違いがなんとなくわかる。

ね。三式に関しては「グリーン一色に塗られた車両があった」って、当時、戦車部隊にいた人からも聞きました。二式砲戦車までは迷彩してて、単色で塗られた例があるのは三式以降ですね。ただフィリピンに送られた七連隊の九七式中戦車は、米軍の電探（レーダー）に探知されないように、グレー一色に塗られた車両があっていう話がありますけど。

編集 搭載していた輸送船と同じ色に塗って、船の構造物に紛れるようにして輸送を秘匿したって説もありますね。基本的に単色塗装があったのは、三式、四式、五式ですか?

鈴木 そう、昭和19年の末以降、20年に入るころの車両ですね。チト（四式）、チリ（五式）は試作車だったから単色で塗られていたという可能性もありますよ。

編集 それとは別に上海にいた海軍陸戦隊の八九式の甲型は単色塗装ですよね。

鈴木 そう、緑色です。ビッカースのクロスレイ装甲車はカーキ色の単色塗装。

編集 海軍は八九式の他にも九五式や、九四式、九七式軽装甲車も使ってますが。

鈴木 八九式以外の海軍の戦車は迷彩してますね。単色の車両は確認できてないです。というのは、迷彩は工場でしちゃうから陸軍と同じなんですね。海軍だけの戦車製造ラインって存在してないから、クロスレイ装甲車も工場で陸軍と同じカーキに塗られたんです。で、結局カミ車（特二式内火艇）は海軍だけのラインで作ってたんで、あれは単色塗装なんです。で、どうして八九式だけが陸軍と海軍で塗装が違うのか、それはわかりません。

日本戦車の細部塗装はどうなっている

編集 なるほど、車体全体の塗装はわかりました。各細部の塗装ですが、まず防盾と砲はどの戦車も、全部カーキ色なんですよね。

鈴木 防盾っていうか、駐退器と火砲ですね。なぜかって言うと、三菱は車体だけ作って、砲は官給品になりますから後から納品されるんです。陸軍の造兵廠で作られた別注品が車体に取り付けられるんです。で、火砲はあらかじめカーキ色に塗られているんです。

編集 機銃とその防盾は黒ですね。

鈴木 そう、基本的にはいわゆるガンブルーです。でも機銃の防盾の部分が明らかに明るい色で塗られている写真もあるんですよ。

◀終戦後、ラバウルで捕獲された海軍陸戦隊の九四式軽装甲車。大きな砲塔ハッチの裏側が白ではなく、カーキ色または茶色と思われる暗い色調で塗られていることがわかる。明度差が少ないのでわかりにくいが、車体には吹き付けによる後期の迷彩塗装が施されている。

編集 で、ハッチの裏側はカーキ色。

鈴木 そうです。開けている時に外から見えやすい砲塔のハッチの裏側はカーキか、茶色ですね。でも菊池さんの写真集（「大陸の機甲戦闘演習」171ページ）を見ると、砲塔ハッチの裏側はカーキなのに、車体の前方機銃手用のハッチの裏が白く塗られてる九七式中戦車の写真がありますね。

編集 車体ハッチは滅多に開けっ放しにしておく物ではないからですからねえ。で、車内は白ですね。

鈴木 白です。銀色で塗られていた車両もあったらしいですけど。僕がアメリカのパットンミュージアムで見た九五式は車内が銀色でしたね。日立製の戦車には銀色で塗られていたのがあったっていう話を聞いたことがあります。まぁ、要するに車内は暗くなりますから、反射して明るくなりやすい色で塗ってる。これは万国共通ですね。でも砲塔の司令塔の内側とか、外から見えやすい部分は、車内もハッチの裏側同様、カーキに塗られているのが写真で確認できます。

編集 それから車外装備品。スコップとかツルハシ。米軍は車体についてる工具はみんなオリーブドラブで塗りつぶしてますが。

鈴木 日本軍の工具は鉄の部分は鉄のまま、木の柄は木のままです。

編集 ジャッキはカーキで塗っているようですけど、鉄の棒のバールとかは?

鈴木 写真で見ると黒っぽくは見えないのでバールもカーキ色に塗っていたんでしょう。

日本戦車のマーキングの規定は!?

編集 日本戦車のマーキングに、明確な規定っていうのはあるんですか?

鈴木 戦車のマーキングは部隊長、要は各戦車連隊の連隊長が規定する場合が多い。

編集 ドイツの戦車みたいに全軍共通の規定があるわけじゃないんですか。

鈴木 特別な共通規定みたいなものはないです。部隊ごとに違う。車体のマーキングは部隊の誰かが考えて、部隊長の許可を得て決まるんですね。漢字やひらがな、カタカナ一文字、番号などを中隊ごと、小隊ごとに書くこともあるし、支那派遣軍の戦車第1大隊みたいに戦車1両、1両に名前をつけてたり。だから部隊長が変わると、その部隊のマーキングも全然変わっちゃう。例えば戦車第8連隊の戦車には「よせ」だとか「はせ」とか書いてますけど、これは連隊長の名前なんです。

編集 すると鈴木部隊は「すず」とか。

鈴木 いや、連隊長が鈴木だったら、鈴木戦車部隊の略で「すせ」ですね。

編集 ははァ、姓の最初の一文字に戦車の「せ」をつけてるんですね。日本戦車のマーキングって白一色ですけど、これは白以外使っちゃいけないとか?

鈴木 そういう決まりもないです。

編集 すると、日本軍のマーキングはなんでもありって言うこと?

鈴木 いや、そういうことじゃなくて、当時の部隊長が決めてることだから、現在の我々がとやかく言えることじゃない。間違いないのは、わかってる範囲、証拠の写真などがあるものを再現するってことですね。

編集 なるほどね。統一された規定がないってのは逆に不自由なもんですね。でも、いかにスケールモデルとはいえ、所詮模型ですから、自分が部隊長になったつもりで、好き勝手なマーキングをする余地もあるって言えばあるわけですかね。

鈴木 それは人それぞれでしょう。まったくなんのマーキングもない車両ってのも多いんですけど。決まりといえば、ナンバープレートと、星のマークだけなんです。

編集 車体前面に小さな日の丸をつけてるのがありますけど。

鈴木 あれも部隊ごとに決めてるマーキングです。で、ナンバープレートも書き方の規定はない。連番で書いてあったり、戦車自体の製造番号が書いてあったりして。マーキングに関しては写真で確認できるものしかないですね。写真はないけど、戦記ものを読んでると「何々号」は、って書いてあるのもあるから、そこからこの部隊は「さくら」だとか、「ふじ」とか、戦車個別の名前を入れてたんだなァって推測できるわけです。

いまになって九五の新金型を作ったわけ

編集　19歳か20歳の時、まず九五をスクラッチして、後年、あの作品を取材した時、鈴木社長が「ファインモールドは、この九五をキット化したいから創業したようなもんです」と言ってたように記憶していますが、本当にそういう気持ちがあったんですか？

鈴木　あったでしょうねえ。やっぱり日本の戦車をキット化したかったっていうことはありましたよね。九五を発売した時にね、モデラーの山田卓司さんが「鈴木さん、九五を作ったから、もうやることないでしょ」って言われたもの。だから、端からもそう見えてたんでしょうねえ。僕にとっては九五ってのは特別なものだったけど、それはスタートであってゴールではないですよね。他所さんが作ってないものを製品化したかったっていうこともありましたね。

編集　でもまずは自分がほしかったから？

鈴木　そりゃそうですよ。自分がほしかったから作ったんで、売れるとか売れないとかは、二の次ですよ。

編集　他のメーカーさんは作ってくれないだろうし、自分のほしいものは自分自身で作りたかったってことでしょうかね。

鈴木　そのとおりです。まさに。

編集　できた直後はどう思いました？

鈴木　そりゃうれしかったですね。でも、この金型がダメだな。ここはこうすれば良かったなっていう反省点もいっぱいありました。

編集　当時は全部手で作ったんですよね。

鈴木　そう。マニュアルのフライス盤で。寸法を測って計測して図面は元エルエスの長瀬さんが描いてくれて。もちろん手で。クビンカまで一緒に行って実車を調べてね。金型は僕と谷本と当時在職していた富田の3人で作ったんですよ。当時うちは外注ってのがなかったから、こまかい彫刻なんかも全部社内でやりました。リベットは全部打ったし溶接跡はリューターで彫って。まっ、溶接跡はいまでも僕が手でやってますけど。フェンダーのペコペコもみんな手でやってる。手じゃないと作れないですから、こういう感じは。鋳造肌も。ああいうものはね、手でやるしかない。

▲終戦後、ラバウルでオーストラリア軍に捕獲された戦車第８連隊の九七式中戦車新砲塔。ずらりと並んでいるが、同じ部隊なのに車体の迷彩塗装のパターンがまったくてんでばらばらなのがよくわかる。マーキングも砲塔に日の丸があったりなかったり、別のマーキングが描いてあったりとまちまち。

▶防衛技術博物館を作る会の代表理事、カマドの小林雅彦社長からお借りして、２０１５年の東京ホビーショー会場に展示された実物大の九五式軽戦車のレプリカ。米国のシリーズドラマ『ザ・パシフィック』に使われた自走する撮影用プロップをディテールアップ、再塗装した車両である。

編集　後からの反省点って言うのは、金型製作の技術的なことだけだったんですか？

鈴木　そう。そもそも戦車のキットの金型の作り方がわからなかった。うちにとっての試製一号戦車ですから。自信もなかったですよ、でも自信がなくてもやるしかなかった。時間もかかりました。で、20年くらいたってドラゴンから九五が発売になった時はしょうがないなと思いつつもショックでもありましたね。「えーっ、出すんだ。中国人が日本の戦車を、でもいま作ったらいいのができるんだろうな」って思いました。結局、開発に当たったのが日本人だったんで、さらにいいものができたなって思います。カミ車もこれも。リサーチがすごかった。グランドパワーに記事が載ってたけど、すごいリサーチをして感心しましたよ。

編集　と、言うようななかで、九五式軽戦車の新金型を作ったわけですけど……。

鈴木　いま、古い九五をみんなに作らせるのはどうかって思ったんですね。「なんだ、ファインモールドってこんなもんかよ」って言われたくないし。八九をアーマーモデリングのマガジンキットで何万個って売って、また『ガールズ&パンツァー』（以下：ガルパン）』に出てきたことで、また八九が、これまで戦車の模型を作ったことがない人にたくさん売れて、お客さんがこれまでの玄人好みの日本戦車ファンから、普通の人に変わったのに、九五が古いままなのはどうかなって思ってたんです。八九を買ってくれたお客さんが、ファインモールドだからって九五を買ってくれた時に、そっちは古いキットだからっていちいち言って回れないじゃないですか？　初代の九五には、最近のキットとは違って作りにくさがあるわけですよ。

編集　ドラゴンから後追いで出た九五も意識しての新金型ではないんですか？

鈴木　もちろん、すばらしい物を出してきましたからね。でも模型にはパーツを増やして精密さを追求してゆくっていう以外のアプローチもあるんだ。それがファインモールドとしての答えだよ、ってとこも見せたかった。

編集　ガルパンで増えた俄か日本戦車モデラーだけに売るなら一過性だろうし、多少作りにくくても、古いキットをそのまま売っちゃった方が合理的ですよね。社内で九五の新金型を作ることへの反対はなかったんですか？

鈴木　いえいえ、むしろ社内からこれ古いまま売ってていいのかっていう声が上がってました。ガルパンの前からやり直そうってことになってたんですよ。だから、ガルパンに九五が出てくるってことがわかった時には、もう3Dデータができてましたもん。最初は古いキットに入ってるメタルパーツが量産のネックになってるから、そこだけ直しませんかっていう声が営業サイドから出て。ドラゴンから九五が出て、うちの九五は終わったかなって思ったんですよ。ところが、その後もけっこう古い九五が売れ続けてたんです。実際、１／48の彗星はそうして、メタルパーツをプラパーツに変えたんですよ。でも九五は、そこだけやってもなァって……。

編集　じゃあ、九五はガルパンはなくても新金型で出すつもりだったんですね。

鈴木　いちばん最初に作った戦車だったからいろいろあった訳で。設計に時間がかかってたらガルパンに出てくるってことになったんです。三年くらい前からやってた。九七式中戦車のころにはこなれてきましたが、最初の戦車模型だったが故に、自分でこなしきれてない九五のダメなところをたくさん知ってるんですよ。だから自分で許せなかったんですね。最初は車内まで作ろうとしてたんだけどこりゃダメだってなったり、内容は二転三転してたんです。もうドラゴンの九五が出る前からやり直したいと思っていて、ドラゴンが出て、どうしようと思ったり。そういう部分から考えたらすごい長い時間がかかってるね。

編集　モデラーっぽい情念ですね。いちばん好きな戦車は最初に作っちゃうけど、後から技術が向上してくると不満になってきて、同じのをもう一回作り直すみたいな。

鈴木　そう、それに近いですよ。とにかく、新しいお客さんに古いキットを作らせるのはどうよって、うちの社員もみんなそう思ったんです。うちの社員もみんなモデラーですし。

（２０１５年10月６日、東京都ＡＭ編集部にて）

九五式軽戦車［八号］

以前発売していたもののマーキング換えと思いきや、完全新金型で製品化されたファインモールドの新生「九五式軽戦車」は、幅広いユーザー層に楽しんでもらうために、作りやすさを考慮した設計がされている。作りやすさを優先するとディテールが甘いのでは？と心配になるがそこは再現度には定評のある同社なので精密感もバッチリなキットとして生まれ変わった。

ガールズ&パンツァー劇場版
知波単学園 九五式軽戦車［八号］
ファインモールド　1/35
インジェクションプラスチックキット
税別4000円
㈱ファインモールド　☎0532-23-6810

製作・文／**齋藤仁孝**

完全新作、『劇場版ガールズ&パンツァー』公開！

『劇場版ガールズ&パンツァー』
2015年11月21日（土）　全国公開

茶道や華道とならび、「戦車道」が女性の嗜みとなっている世界。主人公、西住みほは母校の廃止を賭けて強豪チームが集う「戦車道全国高校生大会」に出場することに。そんなTVシリーズ放送から3年、ついに完全新作の劇場版が公開！

▶劇場版では日本戦車九七式中戦車や九五式軽戦車を駆る「知波単学園」が新たに登場！

▶最新のCG技術により、緻密に描写された戦車表現が本作品の魅力のひとつ。日本戦車たちももグリグリ動く！

日本軍戦車で最多の生産台数

解説／きたみみちお

八九式中戦車、九二式重装甲車と国産戦車の開発・生産ノウハウを蓄積した次の段階として、火力と速度とのバランス面で両車を補う小型戦車の研究が昭和8年（1933年）7月より始まった。八九式中戦車には不可能だった自動車や装輪装甲車との行動が可能で、かつ九二式重装甲車が有する機関砲以上の火力として戦車砲を有する「機動戦車」は、早くもその2ヶ月後から試作車製作が始まる。

翌年6月に完成した一次試作車はそれまでの輸入戦車とは異なる近代的な外観を有し、速力も43㎞／hを発揮した。その性能は画期的で他の試験結果も概ね良好。二次試作車の発注前より「九五式軽戦車」の呼称が決定する。

しかしながらこの次期、武装と装甲厚の強化を求める戦車部隊からの声があがっていた。速度を重視する騎兵部隊と意見がぶつかり、本車の採用を決める審議会は紛糾した。最終的には機動力を欲する当初の開発意図を重視し武装は計画通り37㎜砲を搭載、30㎜を要望された最大装甲は12㎜に留まった。

二次試作車は被弾経始と車内容積拡大を求め車体中央上部を円錐形状とした。一次試作車の試験評価中、転輪のボギー間隔が満州に広がるコオリャン畑の畝の幅と等しいために走行安定性を損なうことが判明し、ボギー中央に小転輪を追加する「北満型」の製作も二次試作車に反映された。すでに総合性能には問題が無い事から速やかに制式・量産へと進んだ。

防御力の若干の不足を除けば、当時としては総合性能は充分に満足できるもので、昭和12年の支那事変（日中戦争）勃発当初よりその機動性を発揮し活躍する。以後ノモンハン事件に対米開戦後のマレー作戦など、大陸から熱帯の島々に至るまで部隊の先頭あるいはしんがりに立った。戦争後半まで主要な役割を担った本車にとって快速性を求め重量増を嫌った判断は結果的に不運であったが、高い機動力を活かし戦車部隊の補助的役割をまっとうし功績を重ねた。機械的信頼性・耐久性の高さも用兵側に慕われ、日本戦車中で最多の2378両が生産された。■

●キットは完全新金型。以前同社から発売されていた製品のパーツは一切使用されていない。マフラープロテクターのメッシュは『ガールズ&パンツァー 劇場版』に登場する知波単学園所属の車両を再現している。

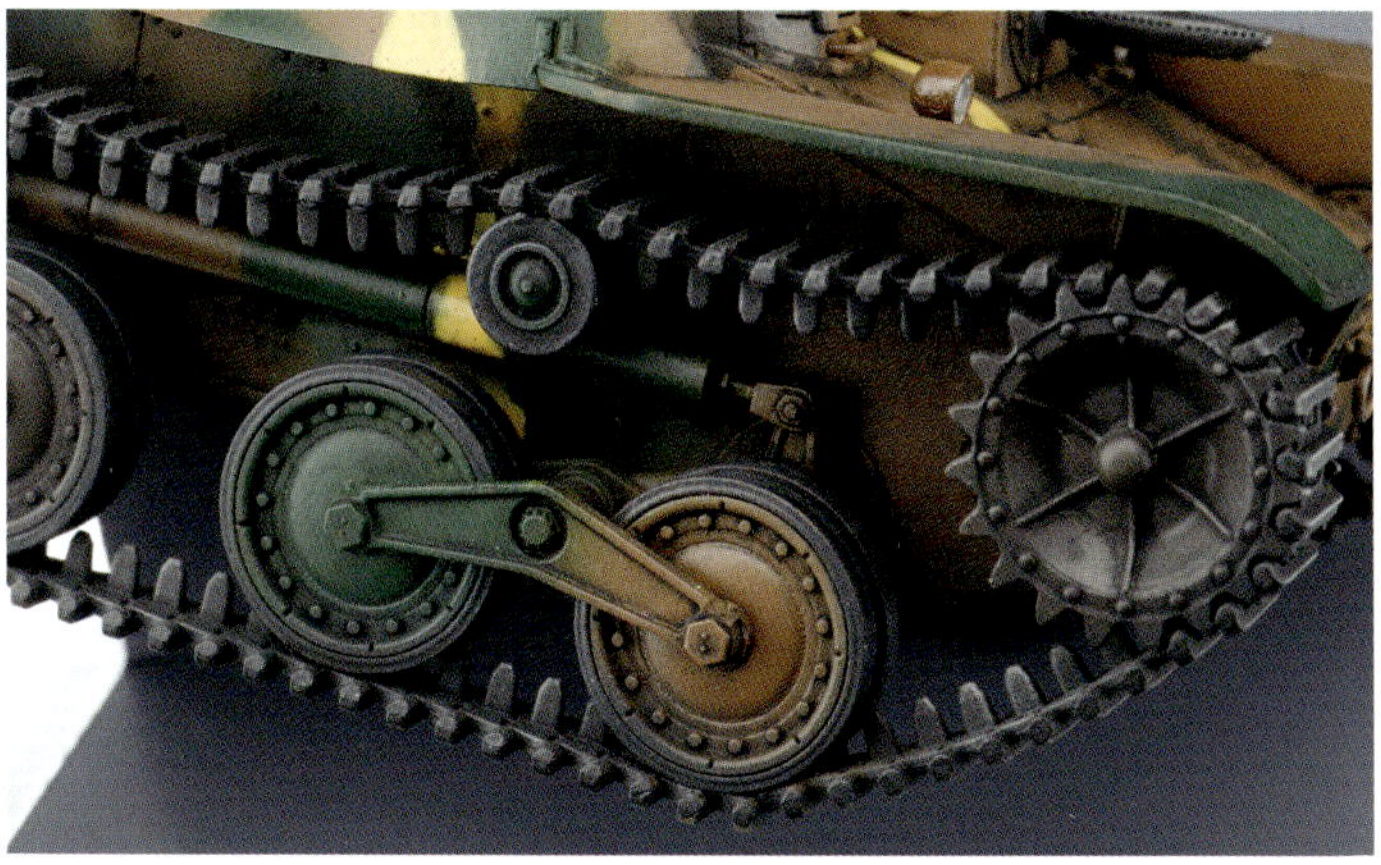

ファインモールドの新九五式 組み立てガイド

１９９３年に発売されたファインモールドの九五式軽戦車は、同社初となるＡＦＶキットでした。そちらのキットも良い内容でしたが、さすがに年月が経ち、途中メタルパーツがプラスチックパーツに変更されるなどされました。それでも「ベテランキットの仲間入り」といった印象は拭えませんでしたが、その九五式軽戦車がついに完全リニューアルされました。パーツを見てみると、再現度を下げることなく作りやすさを追求していることがわかります。それがいちばん現れているのは足周りで、履帯が一部連結式となっていることなどからも見て取れます。では実際に作業してどうなのか？ さっそく進化を確認しつつ製作のポイントを紹介しましょう。

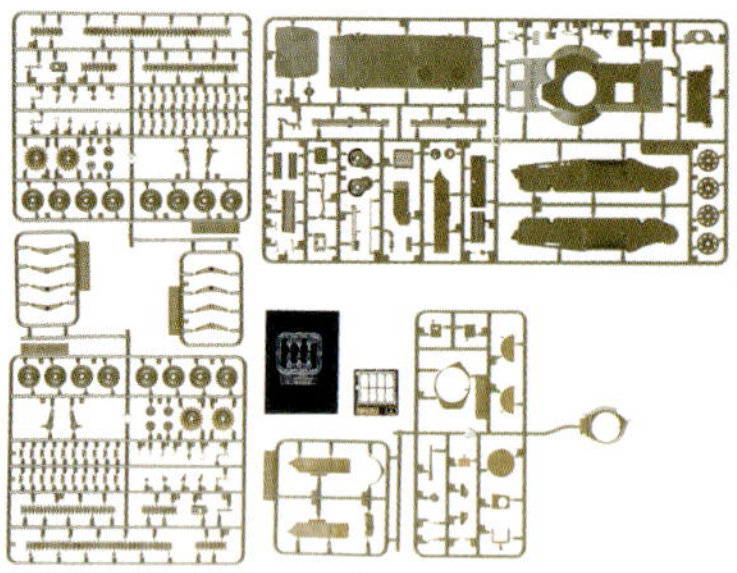

▲軽戦車ということもあるが、パーツはご覧のとおり比較的に少な目となっている。マフラーのプロテクターにはエッチングパーツが付属するのも精密感が高まり嬉しい配慮だ。

作業スタート

▲シャーシは前後左右と各装甲板ごと、板状のパーツとなっていて「箱組み」をするようになっている。中板を入れることで強度と歪むことを防ぐ作りだが、中板には前後ろがあるので注意。

▲起動輪と二次減速器には位置決めのためのピン（起動輪側）とダボ（二次減速器側）がある。ズレると上手く収まらないので気をつけよう。また可動履帯を使用する場合はピンをカットする。

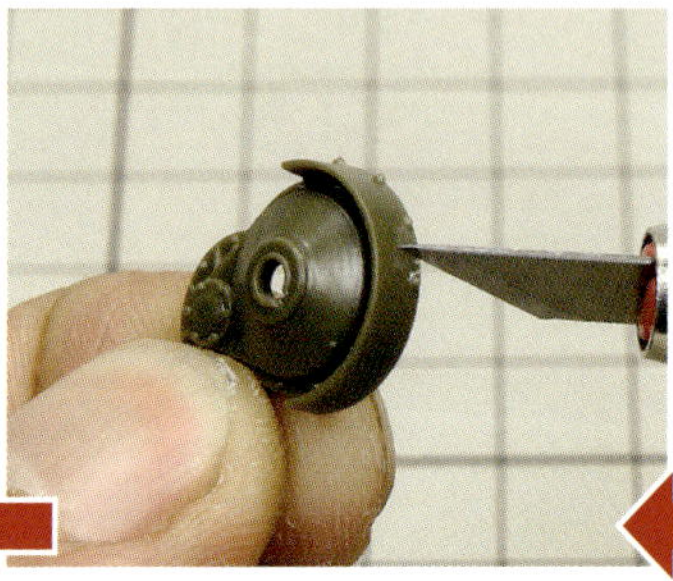

▲二次減速器の装甲板にはリベットのモールドがある。ちょうどそこにパーティングラインがあるので整形作業はリベットを削らないように、ていねいに行なうとよい。

▲二次減速器のリベットにはもうひとつ仕上げる方法がある。ランナータグの裏側には削いで使用するリベットがモールドされているので、モールドを削り落とし新たに植え直すこともできる。

▲足周りを車体に接着する際は、ひとつずつ出来たところから接着するのではなく、ひととおり整形などを済ませて揃えてから接着し、接着剤が生乾きのうちに水平垂直を出しておこう。

▲履帯の組み付けはまず誘導輪と起動輪に説明書指定のコマ数を組み付けておくと作業しやすくなる。また、起動輪はこの段階では接着せずに多少動かせる（回せる）ようにしておく。

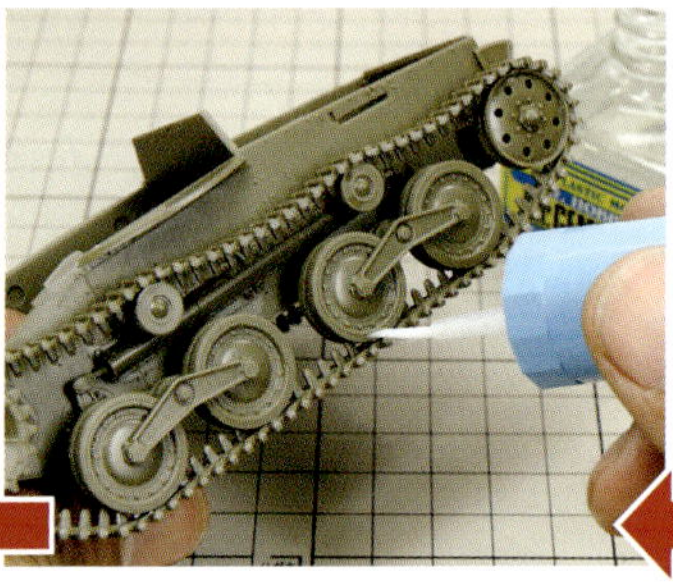

▲履帯をひととおり巻き終わったら、流し込み接着剤を使ってしっかりと転輪に接着しておこう。また先ほど接着していなかった起動輪と誘導輪もこの時に接着しておく。

▲キットは『ガールズ&パンツァー』仕様となっているが、資料を見るとナンバープレートは取り付け金具ごと無いようだった。そこで車体後面にあるナンバープレートの金具は削り取った。

▲持ちにくい小さなパーツは整形してから接着するのはむずかしい。そこでランナーから切り出した状態で接着しておき、接着後に整形すると作業がしやすくなる。

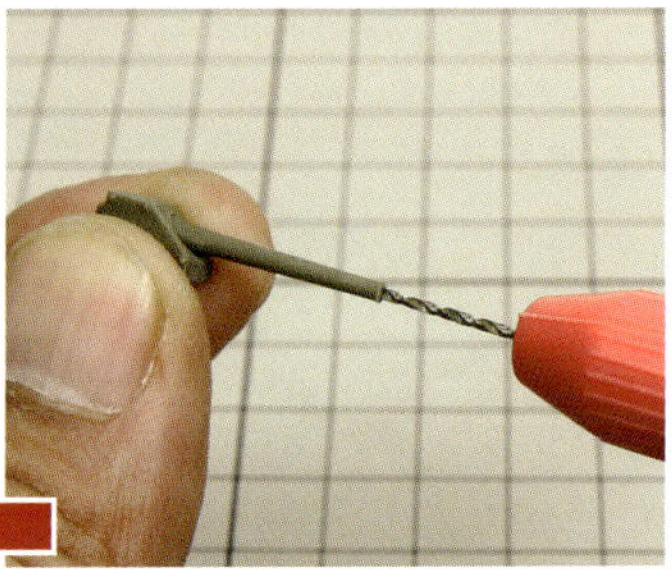

▲砲身は一体整形で、パーティングラインの処理をすればOK。パーツは砲口が開口されていない。1㎜のドリルを使い穴を開けておくとリアルになる。作業は中心に穴がくるように注意しよう。

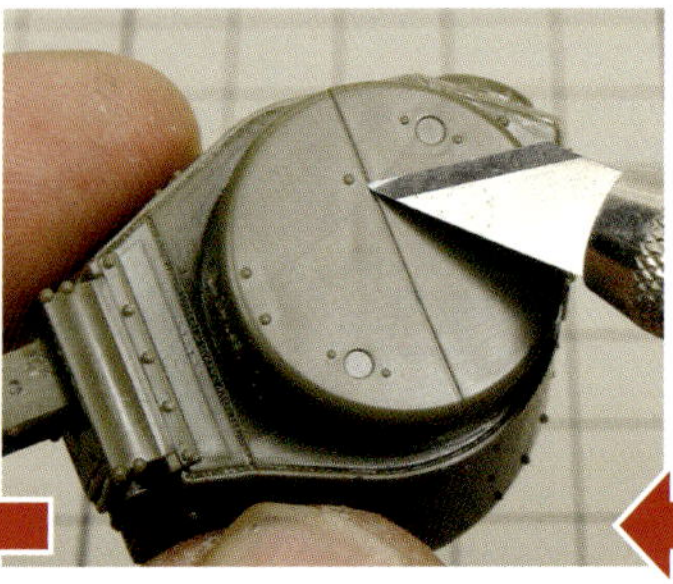

▲キューポラのハッチは開いた状態を再現するパーツと閉じた状態の２種類が用意されている。ハッチを接着する際はナイフの刃先が示しているリベットが前側にくるように取り付ける。

キットは抜群に組みやすい　あとは塗装に専念するだけ

　ファインモールドの新生「九五式軽戦車」は、普段あまり戦車模型を作らないユーザにも作りやすいようにと配慮されているそうです。もちろん生粋の戦車モデラーにも満足してもらうようにということも考えているでしょうから、設計の苦労が素人の私にも伝わるなどと思いつつ、さっそく箱を開けてみると、いきなりの車体箱組みで身構えましたが、取越苦労でした。パーツは難なく組み上がり、それどころかじつにカッチリとした強度が出ていて、バスタブ成型のシャーシよりも製作中に持ったときの安心感は高かったように感じました。小さなことですが、こういう部分も作りやすさの一部かもしれませんね。また車体上部パーツとの合いもよく、いつも行なっている（クセとして染み付いている）仮り組みを忘れてしまったのですが、なにも問題なく組みつけることができました。足周りもこのキットの見どころだと思いますが、初見では「ベルトでもいいかな？」と正直思っていました。ですが、完成時にこの絶妙な弛みが付いた状態を見ると、この表現をベルト式で再現するのは、それこそ熟練を要するレベルですから、組み立て式を選択したのも納得ができます。極論、塗装はともかく組み立てでは履帯がらしく仕上がっていれば戦車模型はリアルに感じることが多い気がしますし。

　塗装は説明書に従い塗り分けました。パターンが複雑目なのにクッキリとした境目、それに隠蔽力の低い黄色を使い帯を入れるというのですから塗装作業には多少コツがあります。が、いいかえればコツを掴めばいいだけのこと。塗装の作業内容については本書の36ページから詳しく解説していますのでそちらを参照してください。■

※作品は試作品を使用しているため製品とは一部異なる場合があります。またマーキングはキット付属のものと異なります。

日本車両は独特の形状が魅力

解説／鈴木邦宏

Q：それぞれに理由があるんだろうけど、そもそもどうしてこんな複雑な形になっちゃったんでしょうね？

A：いやあ、行き当たりばったりなんですよ。後から張り出しを付けたりしてね。九五式は試作の試製６トン戦車とか、あんまり考えないで作ってるんですよ。でもそれがいいとか悪いとかじゃなくて、あぁ、これは日本独特の物だなって、感じるところが魅力なんだよね。性能がいいとか悪いとかじゃなくて、強いとか弱いとかでもなくてね。理屈抜きにカッコイイ（笑）

●履帯はまるで可動式履帯を使用したかのような自然な弛み具合が再現されている。戦車模型のベテランなら完成後のリアリティーの高さに影響する履帯の弛ませ具合の大切さを理解しているモデラーも多く、意識して組み立てを行なう部分だが、このキットならベテランでなくてもキットパーツを組み付けるだけでこの再現度がの足周りが組めるわけだ。

●仕上げは『ガールズ&パンツァー』仕様ということで、あえてウェザリングは控えめとしている。また塗料もGSIクレオスの日本軍専用色セットを調色無しで使用したところ、設定画のイメージとピッタリの色合いとなった。

九五式軽戦車［八号］

サイバーホビー

日本軍戦車は日本国内の模型メーカーのみでなく海外からも製品化されている。そのひとつがサイバーホビーだ。高い金型技術が駆使され、また実車のリサーチにも余念がなく、同社から発売されている日本軍車両は種類こそ少ないものの、どれも傑作となっている。ここではそのなかから特に秀作である九五式軽戦車を紹介しよう。

九五式軽戦車［八号］
サイバーホビー　1/35
インジェクションプラスチックキット
発売中　税別3800円
㈱プラッツ　☎054-345-2047

製作・文／**祝 太郎**

●車体は装備品を追加した以外はほぼキットを組み立て説明書に従いそのまま製作。履帯は金属製の連結可動式に交換。自重によって自然な弛みが得られるのが特徴だ。
●ウェザリングをハードに施すことによって、ビビットな色合いになりがちな日本軍車両の迷彩色を落ち着かせていることにも注目してほしい。
●フィギアは手持ちのレジン製のフィギュアから胴体や腕といった部位ごとに寄せ集め、最終的にはパテを盛りセミスクラッチビルドで製作。塗装はファレホアクリルを使用している。

サイバーホビーの九五式軽戦車製作のポイント

解説／吉田 伊知郎

1

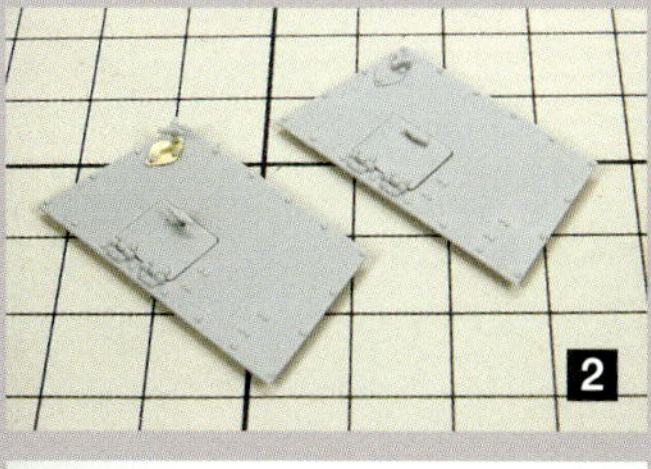
2

❶このキットのこだわりがわかるのエッチングパーツ使用箇所。完成後にはほとんど見えなくなってしまう転輪裏なども再現されている。形状が似ているパーツを重ねるので、説明書で順番をよく確認して取り付ける。　❷エッチングパーツを必ずしも使用しなくていい設計で製作者のレベルにあわせて使用する部品を選択できる。　❸転輪の数は少ないがしっかりと全部接地するように調整しながら組み立てる。　❹今回の作例では交換されているが、誘導輪同士の間に生ずる履帯のたるみをキット付属のベルト式履帯で再現する。フェンダーと履帯の隙間にティッシュを丸めて押し込み、誘導輪と履帯を流し込み接着剤で接着する。少し大げさにたるみを付けておいた方が乾燥後にちょうど良い具合になる。　❺柔らかいスポンジヤスリなどにのせて丸みをつけると自然な湾曲をつけることができる。　❻一体成型の部品でよく見られる細いパーティングラインも見逃さず処理する。

4

3

6

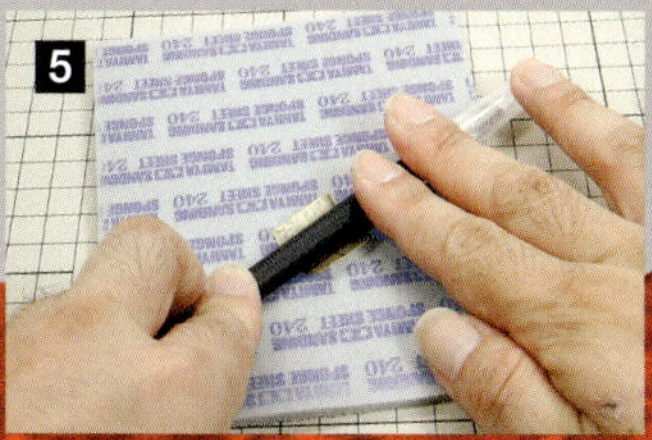
5

九五式軽戦車[ハ号]

Cyber-hobby 1/35
TYPE95 light Tank"HA-GO"
injection -plastic kit
Modeled and discribed
by Taro SHUKKU

●塗装はアンモ・オブ・ミグヒメネスの製品『Japanese Smart Set No.8』を使用。乾燥の速さ発色の良さとも申し分ないすばらしい塗料だが、乾燥が速いためエアブラシノズルがつまりやすいので注意が必要だ。作例では砂埃が多いビルマ街道を意識して塗装。色調効果の演出に基本カラーを調色するのではなく、そのほとんどを油彩とピグメントを使いピンウォッシュとフィルター塗装で仕上げている。

特徴的な積載物でひと工夫

初期型の発売以来、北満型・後期型と立て続けに発売された九五式軽戦車を製作された方も多いと思います。サイバーホビーの最高傑作のひとつと言えるでしょう。とくに砲塔部品はスライド金型を使用しディテールは申し分なし。車体考証も行き届いておりすばらしいキットになっています。部品点数も少なく二日もあれば完成できるので週末モデラーさんにも楽しめる内容となっております。

作例は第14戦車連隊所属の第三中隊車両をモチーフに、同連隊第一中隊車両を製作してみました。この14戦車連隊の特徴として、OVM位置に鉄箱や木箱が設けられています。また、車体後部にも貨物搭載用または歩兵便乗ステップが設けられているので、どちらともプラ材と真ちゅう板で自作しました。スケールも考証もおおよそですが、それらしく作るだけでも充分だと思います。ステップに乗せられたさまざまな荷物類ですが、ここは旧軍らしさを出せる箇所でもあります。荷物類のアクセントは、鑑賞する側にも印象的で分かりやすくなるので、記号的なものを取り入れると良いでしょう。今回はトタン屋根に描かれた日の丸とビルマ・インパール戦域らしさを出すため、金の器などをチョイスしてみました。ディテールアップポイントとして、砲塔のキューポラ内部にモールドがなにもないので、少々オーバースケールではありますが、周囲にリベットを追加。また、ハッチ内側の取っ手が板状のモールドになっていますので、ピンバイスやデザインナイフなどを使い、キッチリ取手の形に作りなおしています。オープンハッチにする際は目に留まる箇所なので効果的です。フェンダーもスケール的に厚すぎるのでルータやデザインナイフで薄く削ると良い感じになります。ぜひ日本軍車両ファンはこの実車を採寸までして設計されたすばらしいキットを製作してみてください。

八九式中戦車［チロ］

他国から戦車開発で遅れを取っていた日本も試作を繰り返し、自国戦車の量産を開始する。八九式は日本で初めて正式に採用された戦車。まさに日本戦車史の起源となる車両だ。本来は軽戦車として開発された戦車だが、あれやこれやとやっているうちに重量が増し『中戦車』という称号が与えられた。

八九式中戦車乙型
月刊アーマーモデリング
3号分割マガジンキット
（通巻133号／134号／135号）
1/35
インジェクションプラスチックキット
㊞大日本絵画　☎3294-7861
製作・文／**片上雅春**

幾多の難関を乗り越え誕生した主力戦車

解説／きたみ みちお

独力で製作した試製1号戦車の経験を踏まえて、我が国初の主力量産戦車として昭和4年に制式化された八九式戦車は、当時の戦車隊創設構想として重戦車を補完し歩兵を支援する軽戦車として生まれた。

イギリスよりヴィッカースC型戦車を購入し、技術的に参考としつつ我が国での運用条件に適合させていった。鉄道／道路事情など国内の輸送インフラの状況を鑑みて全備重量を11t以内に押さえながらも、車体には研究に成功したばかりの防弾鋼板（ニセコ鋼板）を採用することで充分な装甲を得ていた。エンジンは当時航空機に用いられていた100馬力のダイムラー液冷ガソリンエンジンを改修した物を搭載。主武装として57㎜戦車砲を搭載するほか車体前部および砲塔後部に機関銃を備えた。製造元では秘匿名称をイ号と呼び、量産開始後は程なく構造強化や履帯改良、超壕用の尾ソリ追加などで重量が増大し、新たな枠組として中戦車となった。

生産につれ車体形状を幾度か変更され、生産数は少ないながらも変遷途上の間の子的な車両も現存する写真で確認できる。また後期型形状の車体においては、それまでのガソリンエンジン搭載型に加えディーゼルエンジン搭載型が現れた。これはビッカーズC型の購入時に同社から派遣された技師による受領試験で急斜面を登坂中に車体内で気化充満したガソリンが気化器からのバックファイアによって引火し、エンジン損傷と技師2名が火傷する事故があったことにも一因であって、開発当時からディーゼルエンジンの研究が行なわれていた。また空冷とすることで、主戦場と想定した満州北部の冬期こ冷却液凍結の不安を払拭するものであった。この搭載エンジン変更によりそれまでのガソリンエンジン搭載車を甲型、ディーゼルエンジン搭載車を乙型と呼んだ。ちなみに車体形状の相違による形式名変更はなされていない。総生産数は400両程であるが、活躍場所は満州＝モンゴル国境地帯から中国大陸一帯、フィリピンそしてブーゲンビル島にまでおよび、九七式中戦車の配備後も外地の一部では終戦まで第一線にあった。■

八九式中戦車 乙型［チロ］

ArmourModeling magazine-kit 1/35
TYPE89 “CHI-I”
injection-plastic kit
Modeled and decrived
by Masaharu KATAGAMI

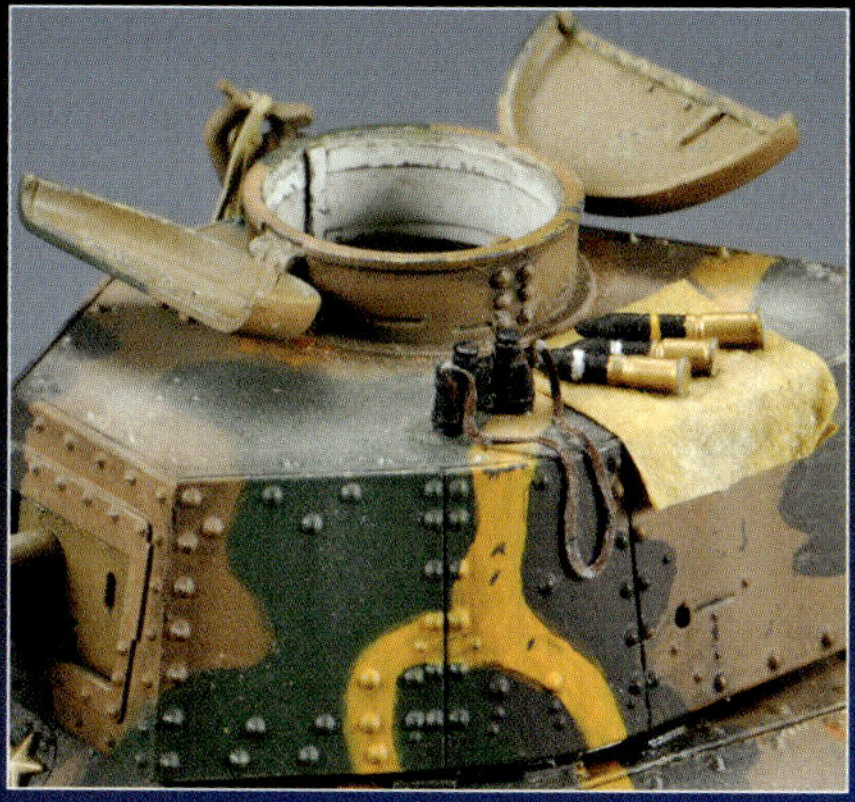

●キッチリと再現された車内の工作も見事。開いたハッチからチラリと見える車内が精密感を高めている。そのほか車外に置かれた工具や砲弾、水筒などの装備品を配置することで物語が生まれ、居ないフィギュアの存在まで感じさせる。「よく作り込まれた単品作品」の枠を超えており、ベースがないにも関わらずヴィネット作品のような仕上がりとなっている。
●塗装はラッカー塗料を使用。仕上げのピグメントワークは汚くなりすぎず、また説明臭くないリアリティーがある。この塩梅はぜひ参考にしてほしい。

幾多の難関を乗り越え誕生した主力戦車

今回の作品は『月刊アーマーモデリング』のマガジンキット、八九式中戦車乙型をベースに内部表現をした作品です。資料は当時、株式会社カマドさんから発売された『日本陸軍の戦車』とグランドパワー誌とWebサイトで探した写真資料を使いました。キットは出来もよく箱組み式車体ということで、内装再現には最適です。私の本業は空間デザインでして、CADは毎日使用しています。このCADを使って内部のあたり図面を起こします。スキャナーで車台のパーツを読み込んでデータに張り付け、1／35スケールに置き換えてから目検討で大まかな物体の輪郭をおこし、隔壁やエンジン類の大きさを割り出します。寸法的にわからないところは外部のリベットの間隔と装甲の継目を基準に比率計算します。リベットは装甲を繋ぎ合わす構造用のものと内／外部の機器類を固定するものに大別されますのでリベットの内側にはなにがしか物体があります。それをたよりに資料と見比べて計算すると全体の配置と大きさが浮かび上がってきます。ここで大問題、実車の装甲の厚さはキットの部品と違うところです。一般に日本戦車は装甲が薄いのですが、キットはその厚みでは強度が保てません。プラの厚みを実寸に直すとM4並の厚みだったり、いかんともしがたいところです。そこでイメージとしてどう見えるかを考えて寸法を微妙にデフォルメしています。ここからはアナログな作業です。アスベスト板や装甲板固定用の帯金類はエヴァーグリーンのプラ板を使用し、隔壁はキット部品の動力室側を一度薄く削ってから帯金の表現をしました。主砲弾薬箱や蓄電池はプラ板の積層ブロックから削り出してディティールを施し、同じ形状のものはレジンで複製しています。エンジンはシリンダーの原型を作り、複製品で六気筒にしました。クランクケースもプラ板の積層ブロックから製作し、燃料タンクや変速器、減速器に至までプラ板の積層ブロックからの削り出しにディティールを追加しました。排気管はプラ棒を熱して曲げたのですが、エンジンのマニホールドとマフラー側に合わせるのにはひと苦労です。乙型は空冷ディーゼルエンジンですので冷却用の風洞でシリンダーが覆われてます。0.3㎜のプラ板を曲げながらの箱組みで再現しました。砲塔内の帯金もプラ板を貼り、ハンドルはジャンクパーツの複製品で形を揃えました。外部は後部ハッチをキットから切り離してガラリ部分を抜いて開口し、内側の防護用のメッシュはファインモールドの金属部品を使用しました。エンジンの排気鎧戸もケガキ芯やPカッターで削り慎重に抜いています。完成後覗くと微かにシリンダーを垣間みることができます。OVM類は切り離してプラ棒で加工し、使用中で外した状態としました。履帯はカステンに交換、機銃弾薬箱は同じくマガジンキットの九二式重機からの複製、整備中の工具はエデュアルドやバーリンデンを使用して『生活感』を出しています。

基本塗装の色としては明度を上げ、先に吹付けた影色でコントラストを付けて、上面などの退色表現はさらに明度を上げた塗料を要所に吹付けています。これはウォッシングや墨入れで明度が下がるのと、レイヤを重ねるときに色が濁るのを押えるためです。ウオッシングは、2度に分けて表面の水垢の層に深みを持たせています。チッピングは手書きでさらに明度を上げた塗料で先ず浅い傷としてチッピングした上にダークアイアンやフラットブラックで地金を出します。ピグメントは3種類程をムラになるように塗り込み、刷毛先でカキ落とし重ねるを繰り返し単調にならないようにしました。泥跳ねは溶剤で溶いたピグメントを平筆をプラ板で弾いて飛沫を飛ばしています。最後に上面の埃と軽くドライブラシして装甲板の角に6Bの鉛筆を擦り着けて綿棒で馴し微かに鈍く光る金属感を出します。グリースの垂れやターレットリングから漏れた油の表現をしてようやくできあがりです。製作期間は約5ヶ月、開いたハッチから覗く内部空間は人を引き寄せる何かがあると思う今日このごろです。■

"Goose-Step" in Nanning China November 1939

八九式中戦車 乙型

昭和14年11月、日本陸軍は西欧諸国がベトナム経由で蒋介石政権への援助物資を送るルートを切断するため、中越国境に近い南寧を攻略した。冬を目前にした秋雨でぬかるんだ悪路を走破した八九式中戦車は、日本軍の侵攻に怯える村落に入って行った。戦闘で荒れ果てた村に残されていたのは抗日スローガンと飼い主から逃れたガチョウの群だけだった。

八九式中戦車乙型
アーマーモデリングマガジンキット
（ファインモールド製）1/35
インジェクションプラスチックキット
製作・文／**平野義高**

八九式中戦車は究極の戦車

解説／鈴木邦宏

●八九式って言うのは、日本戦車のなかではいちばんリクエストが多かった車両だったんですね。これだけ日本戦車がキット化されて残ってたのは八九だけだったんですよ。「なんで作らないんだ」ってね。マニアの人は会うとそう言ってくる人が多くて、そう言われると「あれは究極の戦車だから難しいんですよ」って言うんですけどね。だって、そこらじゅうリベットだらけて形がすごい複雑だから、簡単には型から抜けないんですよ。設計の難しさが究極なんです。

◀砲搭に腰掛ける兵はMr.HOBBYのＭｒ.造形用エポキシパテ エポパＰＲＯ-Ｈでスクラッチ、硬化後の切削感がじつによい。ヘッドのみ大将モデリングのあぐら座りセットの物を使用。足元に見える泥靴の足跡にも注目。

▲ハッチの戦車兵はミニチュアパークから発売されている大将モデリング RM35010 日本軍戦車兵あぐら座りセットを使用。都田良一氏原型で非常に出来がいいのでこれはオススメ。ヘッドは自作、戦車帽は同セットの物を使用した。

▶ガチョウはDoug's originalのレジンキットを使用、精密な出来で"使える"貴重な動物フィギュアだ。キットはヨーロッパ系種をモデル化しているので、上クチバシ付け根にコブ状の隆起をパテで追加して中国系種のシナガチョウに改造した。

▲中国兵の代わりに、グースステップで逃げ回るガチョウの群。直接的な表現を避けたことによって、より印象的になった心憎いばかりの「平野情景演出」である。

欧風建築物も抗日のポスターとスローガンで一変して中国の風景に

旧軍ファンならずとも人気の高い八九式中戦車がプラスチックキットでついに登場！

日本軍ものでは定評のあるファインモールドが最新の資料をもとに製作したアーマーモデリングマガジンキットは、八九式のユニークなフォルムをうまくまとめ、なおかつ組み易さにも考慮した好キットとなっており、現時点で決定版と言っても過言ではない（まあ今のところ、このキットが唯一の物ですが）。

作例ではマフラーガードのメッシュ部がインジェクションの限界でやや実感に欠けるので、金属製の金網に張り替えるつもりだったが、戦時中、戦車兵がマフラーの熱で肉などを焼くために金網部分をはずしていたという逸話を知り、メッシュ部を切り取ってみた。

キットにはベルト式の履帯が入っているが、モデルカステンの可動式履帯を使用した。やはり自然な弛み具合は完成度がアップする。ただモデルカステンの説明書はグムカのレジンキット向けに作られているので、今回のマガジンキットに履かせるときは、説明書の80枚より、履板を2枚ほど少なくして組み上げた方がよい。

資料写真を見ると尾ソリに荷物を山積みしているケースが数多く見受けられたので、ドラム缶等を載せ、縄でしっかり固定している様子を再現してみた。月刊『アーマーモデリング』'10年10号の元少年戦車兵、吉留さんのインタビューでも、車体後部には戦車用のシートと予備燃料のドラム缶、弾薬を積んでいたという証言がある。布シートは水溶き木工用ボンドに浸した2枚重ねのティッシュペーパーを使用している。

中国国民党軍装備のZb・26軽機関銃、一式拳銃（モーゼルミリタリー）はドラゴンの武器セットの物を使用。中国は結構レンガ造りの建物が多く、作例でもバーリンデンの石膏製ストラクチャー◎No・2432〝Ruined Smorke Stack 破壊されたエントツ〟を使ってみたが、抗日スローガンやポスターを貼ったとたんにあら不思議！ ヨーロッパから中国大陸に。とは言いつつもやはり「いかにも中国」的なストラクチャーが是非欲しいところだ。地面はドフィックス、草はエルヴィヨドラゴンの草を試しに使ってみたが色調や実感が抜群でオススメだ。

ちなみにタイトルの〝Goose-Step〟は当時国民党軍が採用していた行進スタイル「鵞歩行進」（いわゆるナチ式行進ですな）と、シナガチョウを掛けたもの。今回はガチョウを、逃走する中国国民党軍兵士のイメージで、比喩的に使ったのである。

『ガールズ＆パンツァー』
八九式中戦車 甲型
ファインモールド　1/35
インジェクションプラスチックキット
税別4200円
㈷ファインモールド　☎0532-23-6810
製作・文／**野原慎平**

どんなに優れたキットにも必ず抑えておきたいポイントが存在する。ここで紹介するのは月刊アーマーモデリング付属のマガジンキットとして登場し、そのバリエーションとして発売された八九式中戦車 甲型だ。組みやすさと再現度のバランスが取れた名作ではあるが、さらに効率良く確実に組む方法を解説しよう。

八九式中戦車 甲型

唯一にして決定版となった名キット

●長らくプラスチックキット化に恵まれなかった八九式中戦車だが、『月刊アーマーモデリング』2010年11月号から2011年1月号の3号にわたって付属したマガジンキットの「八九式中戦車 乙型」で、ファインモールドが初めてプラスチックキット化を実現した。その後、乙型の元となった甲型も発売され、ともに八九式中戦車の貴重なプラスチックキットとなっている。組みやすさとディテール再現にも定評があるキットとして名高い。

キット組み立てのポイント

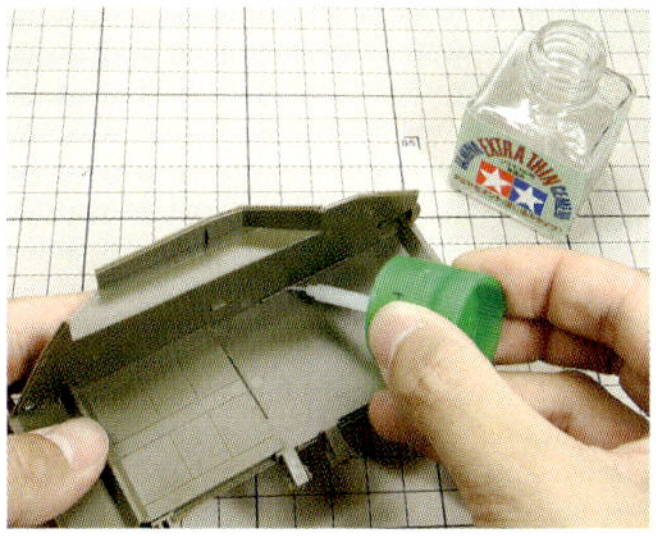

▲仮り組みをしっかり行ない、組み合い方を確認してから接着。隙間の狭い部分には流し込みタイプのプラスチック用接着剤が便利。裏側から流し込むと接着剤の跡が目立たない。

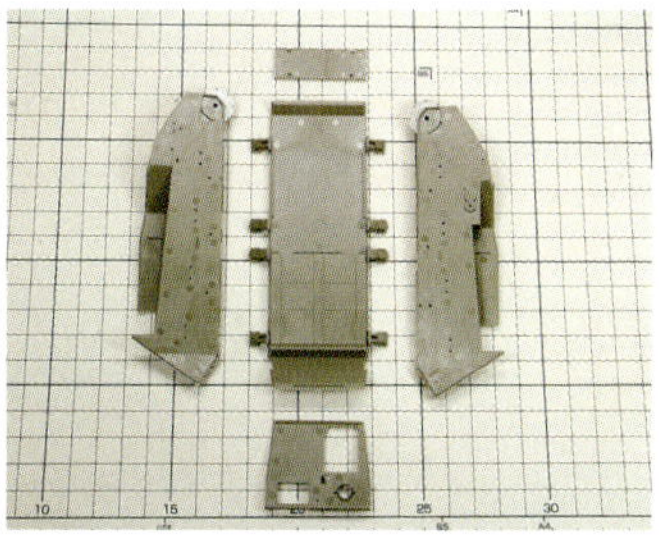

▲車体はいわゆる「箱組み」で組み立てる。複雑な形状をした八九式だが、パーツ数は少なく抑えられている。パーツの精度は高いので、ていねいな作業を心がければ問題なく組み上がる。

▲上部支持転輪は接着面積が少なく位置がズレやすいので、定規を当てて4つすべての位置を正しい位置に合わせておく。完成後もよく見え、目立つ部分なので忘れずに行ないたい作業だ。

▲車体のエンジンデッキのパーツには画像のようにランナーが付いているが、梁の役目をさせるためにあえて残しておき、車体の箱組みが完了してから切り取ると歪みができにくくなる。

▲各部に隙間が出ないように指で抑えて乾燥させる。とくに実車にパネルラインのない部分は隙間が出ないように注意。しっかりと組み合せればパテが必要ないほどキレイに接着できる。

▲接着剤が乾ききらないうちに真ちゅうブロックなどでパーツの垂直を出す。ここで歪みが出るとこのあと接着していくパーツが組みにくくなったり、隙間ができてしまう。

箱組みと足周りを攻略

『月刊アーマーモデリング』に付属のマガジンキットとして登場したファインモールドの八九式中戦車乙型。そのバリエーションとして発売された「八九式中戦車 甲型」は組みやすさとディテール再現の両立が取れたキットで、パーツも少なくまとめられていて初心者にもオススメできるキットです。説明書をめくると、いきなり箱組みの行程から始まる指示が目に止まりますが、実際に組み立てていくとすんなりと組み上がり、パーツの精密さに感心させられます。

手間がかかるところと言えば足周りでしょう。転輪の数が多いだけでなく、数も多いので整形に時間がかかります。ここは切り出しと組み方次第で効率よく作業が行なえます。ディテールアップは車体後部のソリやフェンダーを薄く削った程度で、それ以上に手を施す必要性が感じられないディテールの詰まったキットだと感じました。

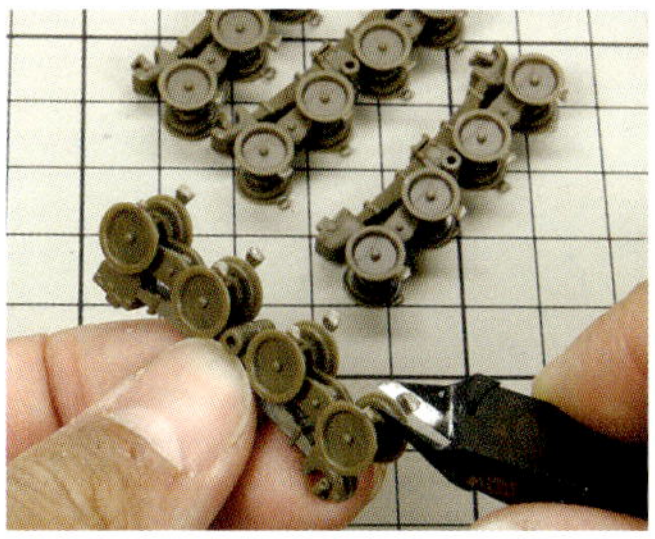

▲もう片側は転輪をサスペンションに取り付けてから処理をする。この方法だと多くの転輪のゲート処理も効率良く行なえる。また、ゲート部分を画像の位置にすると痕が目立ちにくい。

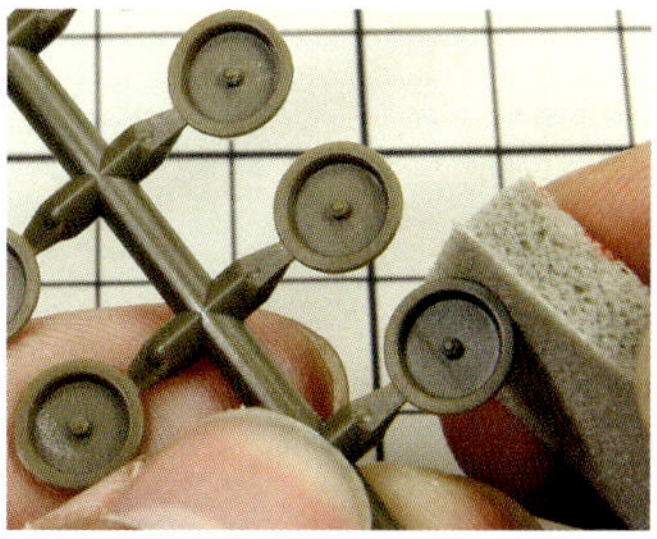

▲八九式中戦車は小さな転輪が多く、成形には手間がかかる。そんな場合はランナーからの切出しを工夫し、画像のように片側だけをランナーに付いた状態で片側をまとめて整形する。

陸軍　九七式中戦車[チハ] 57㎜砲装備・新車台
ファインモールド　1/35
インジェクションプラスチックキット
発売中　税別4000円
㈱ファインモールド ☎0532-23-6810
製作・文／竹内邦之

八九式中戦車に変わり主力戦車となったのが九七式中戦車［チハ］だ。火力こそ変わらないものの八九式よりもグッと低くく押さえられた車高となり、よりスタイリッシュとなった。「戦車は歩兵を支援するもの」という思想がまだ強く、対戦車戦闘には不向きだったものの、終戦まで活躍している。その九七式はマイナーチェンジを重ねバリエーションが多いのも特徴のひとつ。

日本軍主力戦車の代名詞

解説／きたみみちお

八九式中戦車に替わるべく次期主力戦車として昭和12年（1932年）に制式採用とされた九七式中戦車は、「速度および武装そのほかの各部の弱点を補強し、かつ全高を減じ努めて避弾経始を採用」（実車の取扱教程より）し、八九式同様に当時世界的にも戦車用として希有な空冷ディーゼルエンジンを採用、新たにV型12気筒直噴式として出力向上につなげた。

攻撃力においては、当初計画より本車の目的は陣地・火点制圧という歩兵支援であったことから、主砲は砲口初速や操作性の向上など若干の改良をされたものの八九式中戦車のそれと同等の攻撃力である57㎜砲を引き続き搭載した。

本車は開発名称チハ、チニと呼ばれる2種の試作車両競作からチハ車が選定されたが、この採用には同年7月7日の盧溝橋事件に始まる支那事変勃発も影響した。両車の総合性能はほぼ互角だったが、馬力と砲塔内環境に勝るチハ車がより高価であったにもかかわらず、戦時体制となったことで予算の制約がなくなったことが本車採用の後押しとなった。

採用の決定打は支那事変であったが、九七式中戦車の初陣は昭和14年7月のノモンハン事件であった。この戦いで4両の九七式中戦車が送られるが、連隊長車両が撃破されるなど苦い初陣となる。しかし昭和16年12月の大東亜戦争（太平洋戦争）開戦当初では、マレー半島進撃に重要な役割を果たした。

続くフィリピン進撃ではM3スチュアート軽戦車など強敵との遭遇により苦戦。ノモンハン事件直前から議論戦車の対戦車能力付加の議論と新型対戦車砲開発が続けられていたが、昭和17年3月には高初速47㎜砲搭載の「新砲塔チハ」がフィリピンに送られることとなる。

九七式中戦車の優位性はこのころまでで、以降M4シャーマンの登場では劣勢を強いられる。また47㎜戦車砲は生産がふるわず、以降も威力不足な57㎜搭載型が昭和19年はじめまで生産され続けた。結局九七式中戦車は終戦まで陸軍主力戦車として働き続けたのである。■

九七式中戦車［チハ］

●キットは若干あったヒケなどをラッカーパテで埋めている以外、履帯を含めてほぼストレートに組み立てている。その際パーツ成型の都合で省略されたり、歪んでしまったボルトは、キットのランナータグの裏にモールドされているものを削いで移植している。
●車体には荷物が括り付けられているが、このような小物をいかにも日本兵が使用していた手ぬぐいや竹材、木箱にすることで、作品の雰囲気がグッと高まる。また一枚置かれたヤシの葉は「その場所がどこか?」まではいかなくとも太平洋戦線の説明としてはピッタリ。小物を積むだけでなく、乗せるものをひと工夫することでらしく仕上げることができるという好例といえるだろう。このあたりの見極めは竹内作品の真骨頂だ。

黄帯迷彩に南方戦線らしいアクセントを加えて

今回製作いたしましたのはファインモールドの97式中戦車チハ57㎜砲搭載型、後期型車体です。チハは第二次世界大戦中の日本戦車の代表と言ってもよい戦車です。以前よりタミヤから前期型車体のものが発売されていることもあり、皆様にもなじみ深い日本戦車ではないでしょうか。

製作のほうはサクッと仕上がりますので今回は追加工作として車体後ろのラックを製作しました。このラックは多くのチハ戦車に取り付けられているのが確認できます。製作に使用したのは手持ちのジャンクパーツのなかからドラゴンのT‐34ベッドスプリングアーマーに付属するベッドスプリングのエッチングパーツです。網のピッチやアングルの高さがちょうど良いのです。大きさも幅を2㎜ほど切り詰めるだけで使用できました。こういったことがあるのでジャンクパーツはなかなか捨てられませんよね。

ラックをつけたらやはり荷物を積みたくなります。これも手持ちのパーツから日本軍の木箱二種類と自作したオイル缶を積み、余った部分をエポキシパテで作った荷物とシートを配置しています。サイパン戦の車両ということで紙創りのヤシの葉を一枚あしらいアクセントとしています。

塗装は日本軍定番の4色迷彩+黄帯です。迷彩の方法は筆で縁を描き、中をエアブラシで塗りつぶす方法で行ないました。まずラッカー系の土地色と日本軍カーキで2色迷彩をし、その後バランスを考えながら、グリーンとこげ茶で迷彩しています。縁取りとエアブラシの部分に段差が気になる場合は、表面を軽くサンディングしてやると良いでしょう、黄帯はこの要領で、筆で描きこみました。■

九七式中戦車［チハ］新砲塔・前期車台

●車体後半エンジン搭載部の排気ルーバーが露出する、いわゆる「前期型車台」に47㎜速射砲を装備する大型砲塔が搭載されたタイプ。キットは車体操縦手・機銃手スペースの上部天板が新砲塔のターレットに合せた新規パーツとなる。マーキングは在満州の戦車隊と内地の士官学校戦車隊所属車両のものが付属する

九七式中戦車［チハ］増加装甲型

●57㎜砲と砲塔周囲の鉢巻き状アンテナを持つ砲塔と前期型車台を組み合わせた「チハ」のもっとも一般的にイメージされるタイプのものに、操縦席バイザー・機銃の並ぶ前面と車体前面下部、そして砲塔の主砲防楯の左右に増加装甲が施されたタイプ。それぞれの増加装甲板が新規パーツとなる

解説／きたみみちお

「日本軍戦車といえばファインモールド」というくらい日本軍戦車のキットを精力的にリリースし続けるファインモールドからは、多数［チハ］のバリエーションキットが発売されている。たくさん出してくれるのはうれしいけど、イマイチ違いがよくわからないというアナタのために各型の特徴を解説します！

模型で見る九七式中戦車のバリエーション

新砲塔＋新車台の最終タイプ

九七式中戦車［新砲塔チハ］

主砲を高初速の47㎜速射砲へと変更し、砲塔が大型化されたタイプ。戦後は「九七式中戦車改」と呼ばれたため、こう言ったほうが判りやすい読者も少なくないであろう。配備された部隊ではその搭載砲から「一式」「47ミリ」と呼ばれていたらしい。昭和12年に採用された九七式中戦車は、出現当初は列強諸国の主力戦車とくらべとくに劣った性能ではなかったものの、当時は各種兵器の性能発達が著しく、昭和14年にはその搭載砲をそれまでの歩兵支援用である口径57㎜砲から高初速の速射砲（対戦車砲）に変更する案が出された。その後搭載砲の比較研究や開発ペースの遅さから正式採用ならびに実戦に投入されたのは昭和17年4月。初陣こそ活躍したものの、大戦後期には米軍の主力戦車M４シャーマンに対し戦闘力は絶対的に劣っていた。九七式中戦車の総生産数２１２３両のうち、４１７両がこの新砲塔タイプであったと思われる。

陸軍 九七式中戦車［新砲塔チハ］
ファインモールド 1/35
インジェクションプラスチックキット
税別3800円

限定生産で相模造兵廠仕様も発売

●三菱に次いで多くの「チハ」を生産したのが神奈川県にあった相模陸軍造兵廠。キットは限定版として2007年に発売。三菱製と違う部分は後の金型改修で再生産不可能とのこと。

対戦車能力を強化した駆逐戦車

三式砲戦車［ホニIII］

陸軍 三式砲戦車［ホニIII］
ファインモールド 1/35
インジェクションプラスチックキット
税別3800円

「砲戦車」とは日本陸軍固有の名称で、当初は機関銃・対戦車砲などを据えた敵陣地の制圧を主目的とした機動砲（ドイツ軍の「突撃砲」のようなもの？）という位置づけであった。しかし、大戦後半に既存戦車の対戦車戦闘能力の不足が露呈するようになってからは、戦車駆逐車としてさらなる対戦車戦闘力が砲戦車に求められるようになった。

三式砲戦車［ホニIII］は昭和18年に計画され、年内に生産発注がなされた。しかし、実際の生産は昭和19年からで、生産台数も30両前後といわれている。本車に搭載された口径75㎜の砲は、九〇式野砲を基礎とした一式自走砲からさらに改修されたもの。車体は九七式中戦車の後期車台がベースとなったが、前面右の操縦席側の装甲が従来の25㎜から50㎜に、九七式中戦車では機銃マウントが設けられていた前面左の通信手側にはプラス25㎜の増加装甲が施され、装甲強化がなされている。

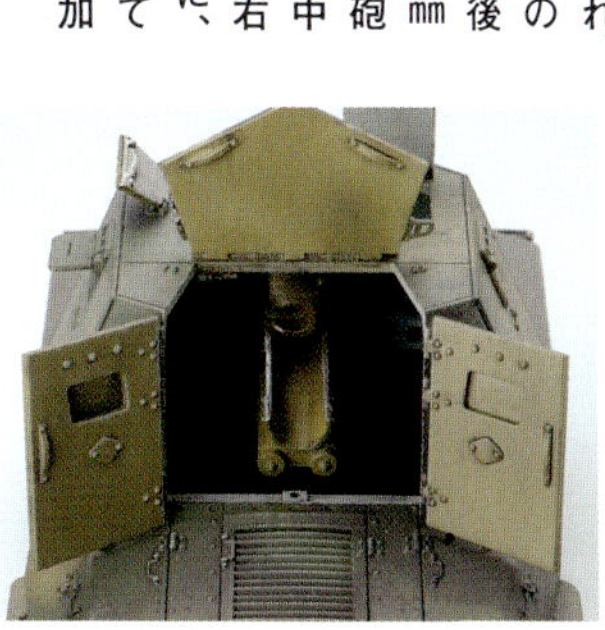

九七式中戦車［チハ］
57㎜砲搭載 前期車台
ファインモールド 1/35
インジェクション
プラスチックキット
税別3800円※限定生産

九七式中戦車「チハ」57㎜砲搭載前期車台

すべての型の元となった基本型

もっとも一般的にイメージされる「チハ」の形状は、タミヤから長らく発売されている同車キットによるところが大きい。すでに発売から四半世紀以上を過ぎているにもかかわらず決して色あせることのないこのキットの仕上がりは、むしろファインモールドからまったく同タイプが発売されたことにより改めてモデラーに知らされることとなった。

両社のキットの差異は本誌でもすでに紹介されているが、ファインモールド製キットでは砲塔周囲を巡らすアンテナの繊細さ、砲塔内部の戦車砲基部やペリスコープの再現、車体後部排気ルーバー部やけん引ロープフック部など最新キットならではの金型技術を駆使した再現手法がみられる。

タミヤとの競合を避けるためか？ 以降の製品開発に伴う金型改修のためか？ このキットは完全限定版となっている。店頭で見かけることも少ないので見つけたら即買いか？

車台だけ新しい過渡期の仕様

九七式中戦車［チハ］57㎜砲装備・新車台

ファインモールドから通常発売されている57㎜砲装備の「チハ」は、それまでは47㎜「新砲塔」型の特徴と考えられていた「後期車台」との組み合わせたタイプ。それまで露出していたエンジンの排気ルーバー部を装甲板で覆い、排熱を側面からフェンダー下部へと流すことで排熱効果を向上。あわせて小口径弾・砲弾片に対する防御を施し車体後部の形状が変わったものである。このほかスターターモーターの強化、エンジンの無煙化対策、無線設備の向上が図られたといわれる。47㎜砲搭載型の生産が始まったあとも肝心の砲自体が生産ペースが上がらず、後期型車台に従来型の57㎜砲塔を搭載したタイプが相当数作られたようである。実際このタイプの現存写真も少なくないことは以前に本誌でも紹介したが、すでに見慣れた書物の掲載写真からもその存在に気付かされていたのは、ほかでもないファインモールドのスタッフだったそうだ。

九七式中戦車［チハ］57㎜砲装備・新車台
ファインモールド 1/35
インジェクションプラスチックキット
税別4000円

九七式中戦車［チハ］増加装甲型

増加装甲をまとった改修型

九七式中戦車「チハ」57㎜砲装備・前期車台の砲塔や車体の前面に、装甲板を貼りつけて装甲強化を図ったのが本車である。写真集『日本陸軍の機甲部隊2 大陸の機甲戦闘演習 満州公主嶺・代々木・銀座』（税込5040円㊍大日本絵画☎03-3294-7861）にも掲載されている、増加装甲を施した「チハ」は、応急措置とは思えないほどに洗練された姿を伝えている。確認できるのは満州の戦車第七連隊だが、他の部隊にもあったようだ。増加装甲タイプの詳細な資料は未だ見つけられないが、いまのところ内地で撮影された同型車の写真は見当たらないので満州での改修とも考えられる。

本車はその後、第七連隊の移動に伴ってフィリピンに送られていることが、連隊日誌の記述から確認できる。いずれにしてもなお研究が必要なタイプである。

九七式中戦車［チハ］増加装甲型
ファインモールド 1/35
インジェクションプラスチックキット
税別4000円

九七式中戦車［チハ］
新砲塔・前期車台
ファインモールド 1/35
インジェクションプラスチックキット
税別4000円
㊍ファインモールド ☎0532-23-6810

新旧が組み合わされた謎多き車両

九七式中戦車［チハ］新砲塔・前期車台

「57㎜砲塔・新車台」とは逆に、前期車台に新砲塔を載せたタイプ。生産経緯から考えると、本車の組み合わせは矛盾しているとも思うが、実車写真が存在する。少なくとも正式採用前に千葉戦車学校と満州の四平戦車学校に一両ずつあった試作「新砲塔」はこのタイプであろうし、『大陸の機甲戦闘演習』にも別車両の写真が確認できる。さらに、北京の中国人民革命軍事博物館に展示されている新砲塔もこのタイプ（中共軍で活躍したとのこと）。やはり相当数の車両があったと考えられる。余談だが、以前より知られる写真（グランドパワー誌96年11月号など）で同タイプが後方から写されているが、この車両は砲塔の塗装やこまかい形状から一式中戦車の砲塔だと思われ、余剰品の組み合わせだと推測される。この写真では後方にもう一両同様のタイプが写っており、砲塔のこまかい形状は確認できないが、こちらは新砲塔かもしれない。

九七式中戦車[チハ]

1/35スケールで初となる日本軍戦車キットがここで紹介するタミヤの九七式中戦車チハだ。製品化から若干年数が経っているものの、それを感じるのは履帯などの極一部分で、いまだに色あせない魅力を持っているのはさすがのひとことと。そのキットの魅力を活かしつつ、さらによく仕上げるための製作ポイントを紹介しよう。

タミヤ

日本陸軍 97式中戦車 チハ
タミヤ　1/35
インジェクションプラスチックキット
発売中　税別1900円
問タミヤ　☎054-283-0003

製作・文／**齋藤仁孝**

▲二次変速機のカバーにはリベットのモールドがあるが、金型の都合で縁の部分にちょこんと付いている状態。このままでも良いが、削り取って新たにリベットを植え直すと精密感が高まる。

▲シャーシのパーツは、車体上部パーツとの接合部分に若干のバリが見られた（個体差かも知れないが）。しっかりと接着するためにも、また車体を歪ませないためにもヤスリで均しておこう。

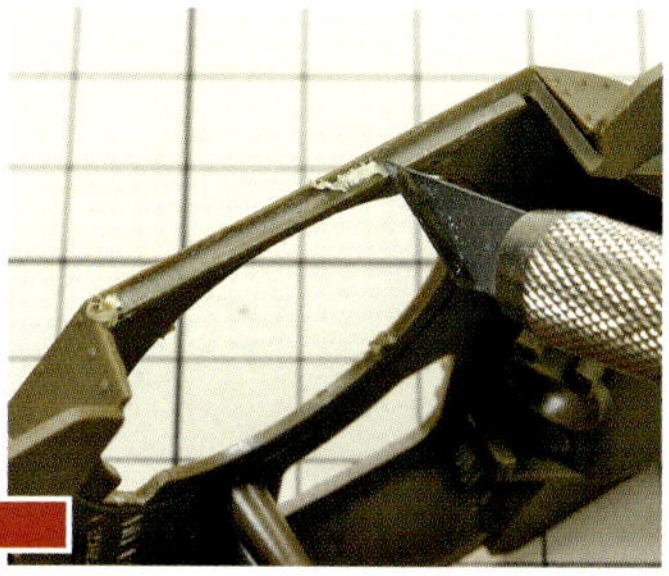

▲車体右側面の装甲板は車体と別パーツになっていて貼付けるようになっているが、合わせ部分のミゾの深さが浅いようで、装甲板が浮いてしまう。そこで干渉する部分を削っておくとよい。

工作のポイント

●タミヤのキットは発売から時間が経過していることもあり、さすがにバリがあったり、再現しきれていない部分もあります。そこで基本的な工作を押さえつつキットの補足をしていきます。

スポンソン下面が気になる方は

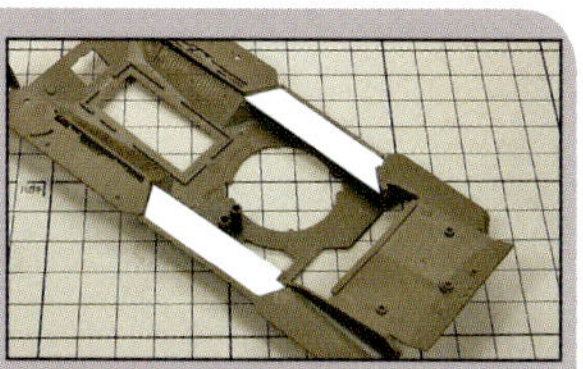

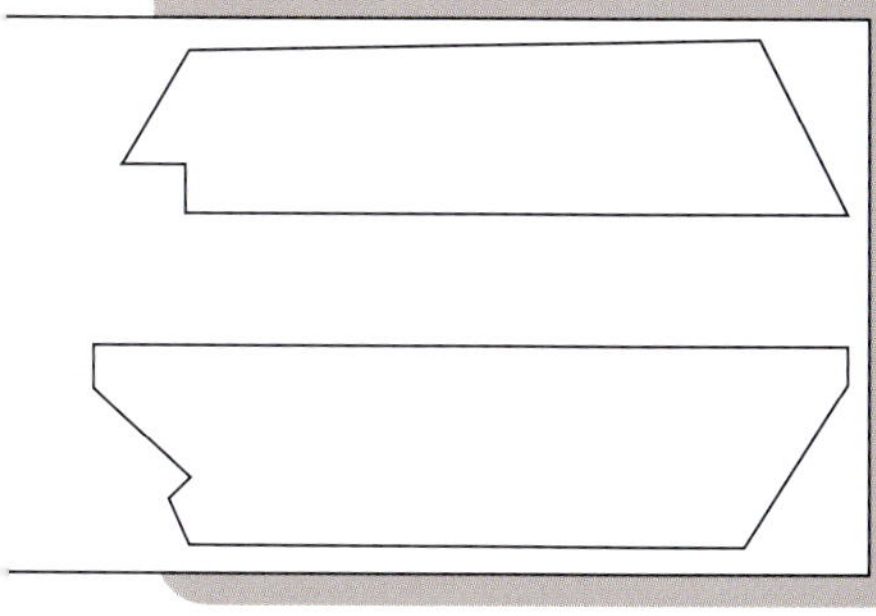

●タミヤのキットは車体左右の張り出し（スポンソン）の下面（底板）がありません。ハッチを絞めて製作すればさほど問題はないのですが、ハッチを開けると足周りに光が漏れたりすることも……。そこでプラ板などで塞いでおくとそんな心配もなくなります。右の図は下面の実寸大です。プラ材の切り出し時には参考にしてください。

▲上部転輪のパーツは、いちばん表側にくる部分以外、ゴムにあたるフチに角が付いていて、そのままでは少々実感を損なう。そこでデザインナイフとスポンジヤスリを使い角を丸めておいた。

▲転輪を組み立てる。中央のアームで繋がった転輪は向きがあるので注意しよう。また転輪を組み付ける前にアームのパーティングラインを処理しておくことも忘れないように。

▲砲塔を製作する。砲塔では整形時にキューポラのリベットを削り落とさないように注意。また主砲の基部の抑えが緩いようなので、名刺を切り抑えのピンと基部の間に差し込んで抵抗を増やしておいた。

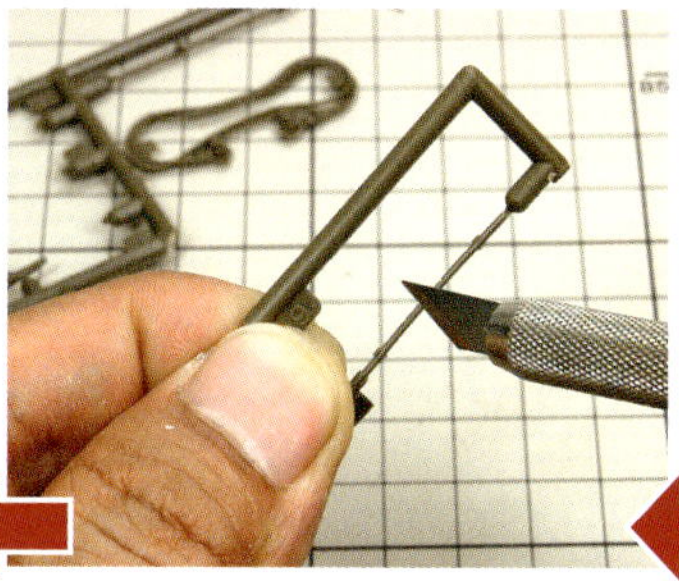

▲比較的に大きなパーツの接着が完了したら装備品や手すりといったこまかいパーツ、細いパーツを組み付ける。そのようなパーツの整形はランナーに付けたままあらかた整形しておく。

▲足周りの次は車体上面にあるパーツを大きな物から順に組み付けていこう。上面のグリルにはミゾ部に若干のバリがあったのでデザインナイフの背の部分を使いキレイに削ぎ落としておいた。

▲転輪を車体に組み付ける。四隅の転輪を車体のはめて車高を確保したら、アームでペアになった第2から第5転輪を接着する。接着の際はすべての転輪が接地しているか確認しよう。

▲塗装前の状態。装備品は迷彩塗装のしやすさを考え車体に接着せずに一部別々としておいた。また履帯は外しておき車体と別々で塗装する。これも連結可動式履帯のメリットだ。

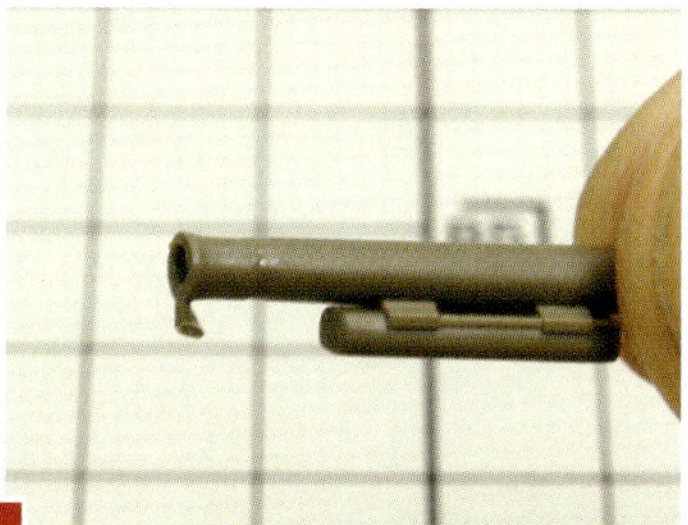

▲砲身は先端が別パーツになっている。先端パーツは小さいので持ちにくく整形がしにくい。そこでゲート跡を残したまま砲身に接着、硬化後に接着線と合わせて整形するとよい。

モデルカステンの連結可動履帯がオススメな理由!?

●組み立てやすいのは断然キット付属のベルト式です。ではなぜ連結可動履帯がオススメなのかというと、まずはディテール、それと弛み具合にあるのです。実車の履帯はひとコマ数十kgと重く、そのため自重で垂れ下がるため、自然な弛みは戦車模型にリアリティを生み出します。その弛みが自然に再現できるのが連結可動式履帯です。ベルト式でも弛みを再現する方法はありますが、金属線を通したり糸で縛り止めたりと少し大変で「確実」というには経験が必要となります（ベルト式履帯の材質にもよりますが）。連結式履帯は組み立てにこそ時間はかかりますが、慎重に正しく組み立てれば特別なテクニックがなくてもリアルな足周りを再現することができるのです。

▲使用したのは「SK-31 97式(1式・3式)中戦車用履帯（可動式）」（税別4000円）弛みだけでなく作品の精密感も高まる。

●作品はニッパーやデザインナイフ、紙ヤスリといったベーシックな道具を使い、エアブラシや筆を適所に使い分けることで製作。題材となるキットは発売から年月が経っているベテランキットだが、パーツ数が抑えめでいながら現在のレベルで見ても高い完成度にあるタミヤ製を使用。履帯にモデルカステンの連結可動式履帯を使用している以外はディテールアップパーツなどは使用していない。また、キットには今回は使用していないが、全身と半身のフィギュア2体が付属するほか、対空機銃や鉄兜（ヘルメット）も2個付属する。
●塗装では市販の塗料を調色などせずにそのままの色で使用している。つまり誰でもこの色味の九七式中戦車に仕上がるわけだ。ウェザリングは足周りにタミヤアクリルのバフを軽く吹きかけて埃を表現。履帯は同塗料を希釈してウオッシングした。最後にタミヤのスミ入れ塗料（ダークブラウン）でモールドを強調している。

日本軍戦車模型の塗装テクニックガイド

スタンダードな塗装法

解説／齋藤仁孝

まずはスタンダードな日本軍戦車の塗装法のひとつを紹介しよう。複雑にうねり、くっきりとした境目が特徴の日本軍戦車の迷彩の基本塗装には筆塗りとエアブラシの併用がオススメ。筆塗りの手軽さ、エアブラシの仕上がりの美しさと、2点の道具の良いとこ取りの塗装法となっている。若干のコツとポイントがあるのでそれらを抑えつつ塗装を進めていこう。

製作で使用した塗料

●今回使用した塗料はGSIクレオスのラッカー系塗料「日本陸軍戦車迷彩色」の前期と後期の2セット（前期、後期両方とも1セット3色入りで税込540円）。色味に関しては多くの日本軍車両キットを開発、日本軍戦車研究でも知られるファインモールドが監修している。また現存する当時のカラーサンプルを基に調色されているので信頼度も高い。つまりこの塗料を使えば間違いがないということ。ということで作例でも使用しました。このセットを使う際の注意点としては、塗料の質は扱いやすくて隠蔽力も高いので言うことなし……なのですが、前期を再現しようとすると土地色が後期のセットに付属しているので結局両セット用意しないと色が揃わないことです。ま、後期車両も作ればいいんですけどね。

▲モデルカステンの「履帯色」を使い、奥まった部分やマフラー、転輪と転輪を塗っておく。これは車体色を吹き漏らしても目立たないようにするため。とくに転輪の同士の間は入念に塗る。

▲埃が付着したりやキズを見つけた場合はスポンジヤスリで軽く研磨して表面を整えておく。塗装の行程が進んでからだとこの修正を行ないにくくなるのでこの段階でチェックしておく。

▲サーフェイサーを吹く。使用したのはタミヤのサーフェイサー。吹きはじめはキットから離して素早く動かしながら吹き付ける。一度で塗りつぶそうとせず、何回かに分けて吹き付ける。

▲筆を使い迷彩のパターンを描き入れていくが、迷彩のうねりやバランスをひと筆で決めるのはむずかしい。そんなときは始まりと中間、終点の地点に予め印を入れておく。

▲後は塗りつぶしていくだけ。茶色は最終的に車体表面に半分ぐらいしか残らないが、全体に塗る。一色目から迷彩パターンを考慮しながら必要な部分だけ塗ってもよいが、この方が気楽。

▲車体に一色目を塗る。まずは茶色を全体に塗っていく。吹き方ははじめに奥まった部分や突起した部分など塗料が乗りにくい部分を中心に塗っておく。

▲輪郭線の鬱側はこのあとエアブラシで塗りつぶしていくが、輪郭の線のままだと際からはみ出してしまう。そのため輪郭線の内側は筆塗りである程度太く塗っておく。

▲印に沿って輪郭を描き入れたところ。迷彩のパターンが明確に決まっていたり把握できているときにはこのような方法をとったほが失敗が少なくなる。

迷彩のイメージを作る

●日本軍の迷彩は現在の米軍などのNATO迷彩とは違い、各色の面積比以外のルールは無いようで、個体によって変化していたようです。そのため厳密に言えば特定のマーキングを貼るならば記録写真からリサーチする必要がありますが、5面を把握するのはまず無理。そこで資料からイメージだけを作り、若干のアドリブを利かせながらということになるのです。このページで紹介したファインモールドの八号の説明書には5面の塗装図が収録されているので、箱絵のイラストも併用しつつ、参考にして塗装しています。

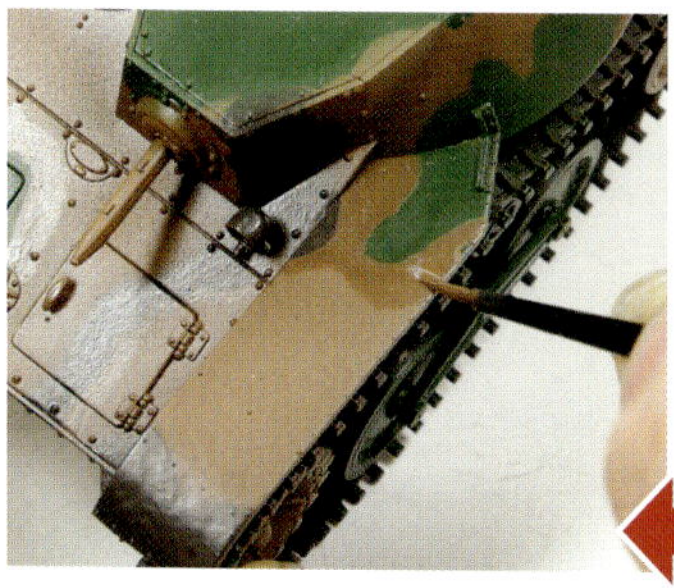

▲土地色の塗装がひととおり完了したら、吹きこぼしを修正していく。いちばんはじめに塗った茶色を使い筆塗りしていく。次に緑色を使って土地色の吹きこぼしを修正すれば完了となる。

▲緑色の塗装が完了したら土地色を塗装する。方法は緑色と同じ要領。緑色よりも暗く隠蔽力も高い色なので作業はしやすい。が、吹きこぼしは目立つのでエアブラシはより慎重に行なう。

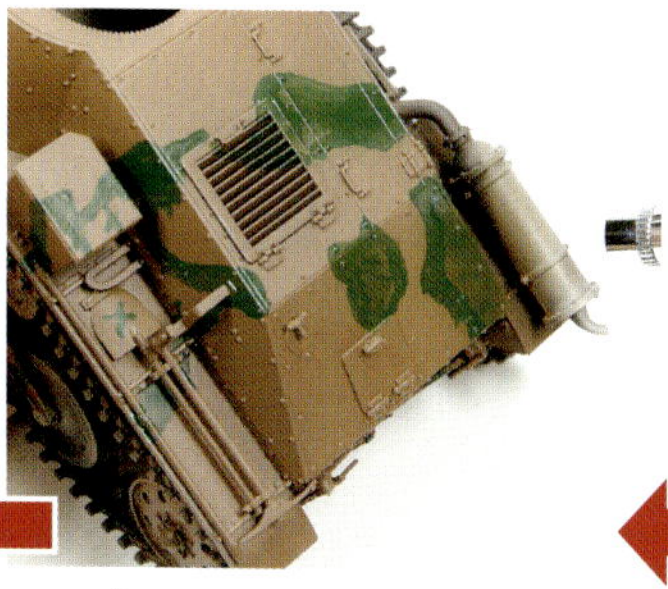

▲エアブラシを使い輪郭線の中を塗りつぶしていく。一気にブワッと塗ろうとせずに、細吹きで枠からはみ出さないように慎重に塗っていこう。それでも吹きこぼすがここでは気にしない。

▲輪郭線同士が離れていると、どちらを塗りつぶすのかわかりにくい。そのために塗る方を間違えてしまうことも……。そこで塗りつぶす面にマークを入れておくとわかりやすくなる。

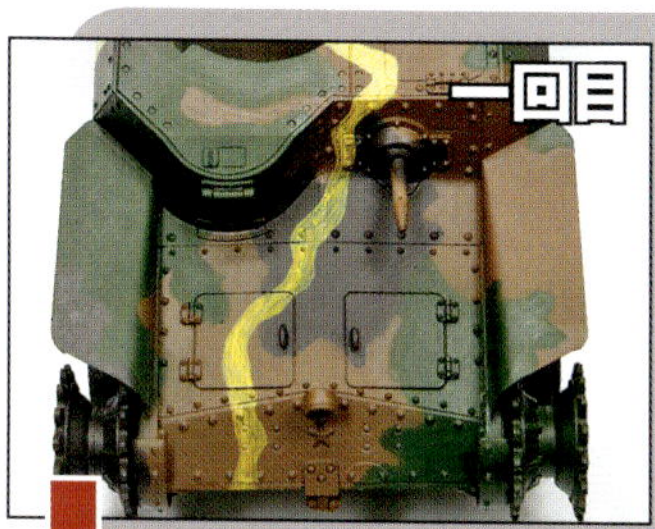

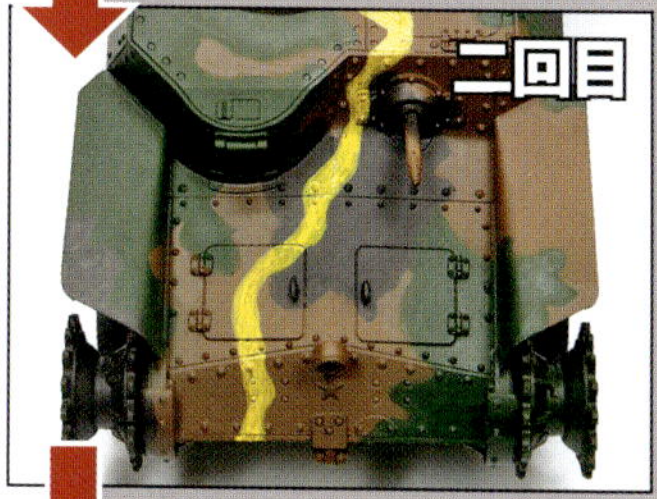

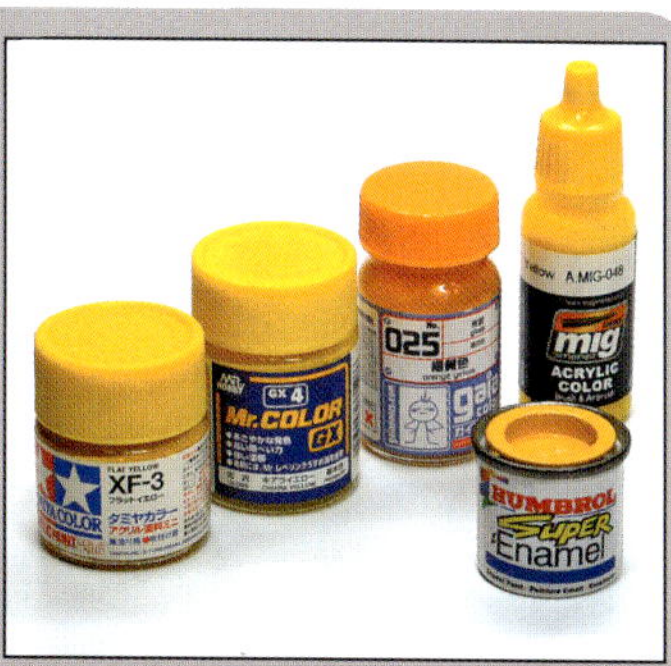

鬼門!? 黄帯塗装のコツ

●日本軍戦車の迷彩をむずかしそうに感じている方の原因はこの黄帯のせいではないでしょうか? そもそも黄色は下の色を隠す隠蔽力がとても低い色です(白の方がまだましレベル)。それを暗い迷彩色の上に塗る。しかも細長い線をですからむずかしそうに感じても無理はありません。ですが、薄く塗り、乾燥させてまた塗ると数回に分けて塗り重ねれば意外とむずかしくはありません。作例は左の写真のように3回の塗り重ねで再現できました。今回はあえていちばん難度の高いラッカー系の塗膜の上にラッカー塗料で描く方法を試しました。これは後に「アルコール落とし」をする方がいる場合なども考慮してのことですが、アルコール落としをしないのであれば、アクリル塗料を使い描き入れる(やはり数回に分けて塗り重ねる)のが最も良いでしょう。また意外と使いやすいのがハンブロールエナメルです。伸びと発色がよく、また隠蔽力も高めでオススメです。

▲履帯の塗り分けをする。エアブラシのみで完全に塗り分けを行なうのは無理だが、画像のように紙を挟んでおけば余計な部分に「履帯色」が吹き漏れず安心だ。

▲迷彩塗装の最後に黄帯を描き入れる。使用した塗料はGSIクレオスのラッカー塗料GX4キアライエローにC109キャラクターイエローを10%加えて調色したものを使用した。

▲転輪の塗り分けをする。使用した塗料はモデルカステンの「転輪ゴム」。奥まった場所には影色になる履帯色を吹いてあるので筆が届く部分のみ塗るだけでも構わない。

▲こまかな部分は筆を使う。とくに転輪や起動輪の近くはエアブラシでの塗り分けができないので筆でていねいに行なう。塗り残しがないように裏側や内側からも確認しよう。

工作も塗装も焦らずじっくり少しずつ

というわけで九五式軽戦車「ハ号」が完成しました。紹介した製作法では、とくに塗装ですが、ポイントは筆さばきにあるかもしれません。筆塗りになれない方はいち度に色を乗せようとする傾向があるようです。ゆっくり焦らず少しずつを念頭に作業すればきっと結果が付いてくると思います。■

▲デカールをコートするのと、筆塗りとエアブラシの光沢の差、塗りムラを抑えるためにツヤ消しのクリアーを吹く。1度に多く吹かず数回サッと軽く吹き付けるのがコツ。

▲マークソフターを塗った上にデカールを置き、決まった位置にきたら綿棒で抑え、中の気泡や水分を抜く。デカールの中央から外側へ、押し出すように綿棒を転がすとうまく密着する。

▲デカールを貼る。密着性を上げるためにマークソフターを使用した。今回はそうでもなかったが、日本軍戦車の特徴でもあるリベットがある部分に貼る際には必須だ。

マスキングで迷彩を塗り分ける

解説／野原慎平

筆塗りが苦手なモデラーはどうにかエアブラシで塗装したいもの。ですが日本戦車の迷彩パターンはうねっていて複雑です。マスキングしたいけど複雑すぎて無理かも……そんなときにピッタリなマスキング素材がパンツァーパテ。これまでになかった新感覚のマスキング素材を使用した日本軍戦車の迷彩を攻略法をお教えします！

使用する道具はコレ⬇

▼今回使用したパンツァーパテ。「パテ」と名が付いているがその正体は硬めのゲル状のマスキング素材。このマスキング材とエアブラシで、日本軍戦車の迷彩柄を攻略したぞ！

■**パンツァーパテ**（発売中　税別2240円）

●MX-pression　㈱M.S Models

▲サーフェイサーを塗装後、GSIクレオスの日本陸軍前期迷彩色セットの茶色を全体に塗装。パンツァーパテ（以下パテ）はある程度板状にして車体に貼っていく。

▲フェンダー裏や足周りなどの大きな隙間はつまようじなどでパテの際をしっかり車体に密着させる。八九式中戦車は角が多いので面ごとにしっかりパテが密着しているかよく確認する。

▲今回は迷彩の境目がはっきりと分かれた迷彩を再現するので、パテの際は面にしっかりと密着させる。パテの際が浮いたままエアブラシで上塗りすると境目がボケてしまう。

▲次に日本陸軍前期迷彩色セットの緑色を塗装した。基本的に調色は行なっていない。今後の塗装でもそうだが、角や入り組んだ場所に塗り残しがないようによく確認しながら塗装する。

▲緑色の乾燥後、パテを剥がしていく。まとまってきれいに剥がれ、粘着剤が残らないのも利点だ。パテに付着した塗料は乾燥後に剥がれ、それでも残った塗料は練り込めば再利用可能。

▲複雑なディテールにもよく密着するが、剥がすときはパーツを持って行くことなく剥離する。エッチングパーツなどこまかなパーツでなければ壊す心配も少ない。

▲気をつけていても入り組んだ場所は密着が足りず迷彩がボケてしまうことがある。逆に境目をぼかしたい場合は際を密着させずに浮かした状態でマスキングすると迷彩の境目がボケる。

▲次のマスキングに移る前に車体の表面をチェックしておく。見つけたらパテを押し当てると簡単に取り除ける。糸状パテの付着を防ぐには必要以上にパテを延ばしすぎないこと。

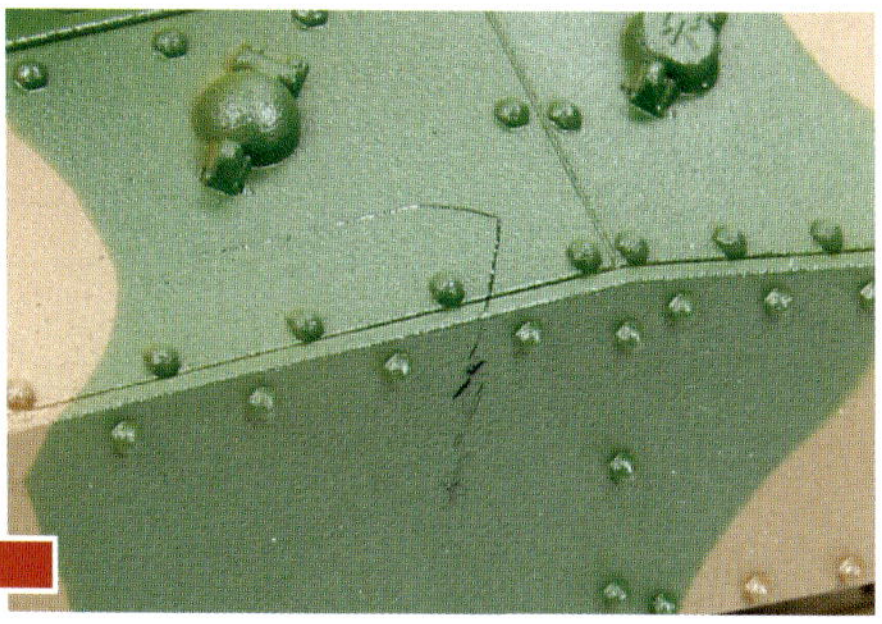

▲パテは細く延ばすと糸状になる。これがときどき車体に付着してしまうことがある。気付かずに上から塗装すると、当然その部分はマスキングされてしまい、意外に跡が目立ってしまう。

▲3色目の迷彩となる土地色を塗装するためふたたびマスキングをする。土地色は焦げ茶に近い濃い色なのでこれまで塗った2色の上からでも問題なく発色する。

▲迷彩のボケを修正した画像がこちら。マスキングテープよりも簡単に即席で修正できるので効率もいい。同じ行程で迷彩の形を変えることもできるので納得のいくまで修正を行なおう。

▲パテをしっかりと密着しなおして再塗装する。このとき、パテの端は先に塗った迷彩のラインに合わせてマスキングすると塗膜が均一になり、うまく修正できる。

▲黄帯は発色しにくいので塗り重ねる。何度も往復しているうちに思わぬところに吹き付けてしまう危険性もあるのでマスキングテープを併用して塗装する。

▲黄帯の急な折れ曲がりはパテを部分的に分けてマスキングしていくと変化に富んだ黄帯が再現できる。なお、黄帯の幅はある程度一定に保つことを意識しながらマスキングする。

▲土地色はそれまでの2色と比べて面積は少なめのほうがバランス良く見えるので、その点を留意してパテを付けていくとよい。ここでも迷彩の形が気に入らなければその都度修正する。

▲塗膜の段差を修正した部分やパテの密着が足りずに黄帯がボケてしまった部分は筆塗りでリタッチする。筆はモデルカステンのドレスフィニッシャーがちょうど良い幅の平筆なのでオススメ。

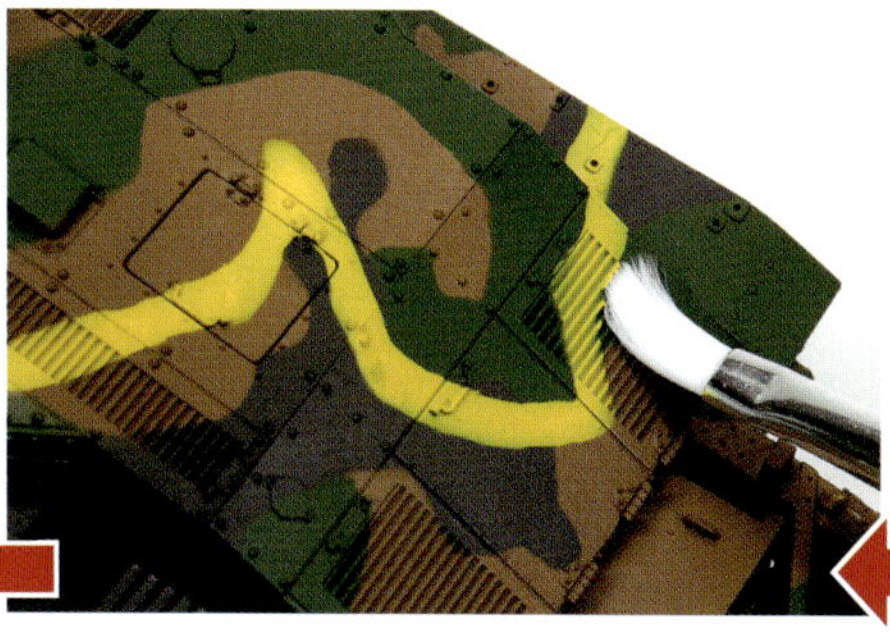

▲残った塗膜は乾燥後に筆で擦って除去する。また、塗膜の段差が目立つ部分も気になるようなら2000番程度の紙ヤスリやスチールウールで軽く磨けば修正できる。

▲黄帯は発色させるため多少厚塗りしたので膜状の塗料が部分的に残ってしまった。通常の塗装ではここまで塗料を重ねることがないが、黄帯は発色を得るためには仕方がない……。

筆塗りで迷彩を再現する

日本軍の迷彩塗装はハケで塗り分けられていて各色同士の境目がはっきりとしている。この塗り分けられ方を再現するには実際と同じく筆で塗り分けて見てはどうかと水性アクリル塗料を使いサイバーホビーから発売されている九五式軽戦車を塗装してみた。最近は装備品塗装とウェザリング以外では筆を使っていないというモデラーにもう一度見なおしてもらいたい筆塗りの工程を紹介する。

WW. II 日本帝国陸軍
九五式軽戦車 ハ号 初期型
サイバーホビー 1/35
インジェクションプラスチックキット
税別3800円 ※初回限定版は店頭在庫のみ
㈫プラッツ ☎054-345-2047

製作・文／吉田 伊知郎

↓使用した塗料はコレ！

◀今回塗装に使用してたのはアンモ・オブ・ミグヒメネスから発売中のこの４色。日本軍大戦前期の迷彩が施せる水性アクリルカラーセットだ。

1

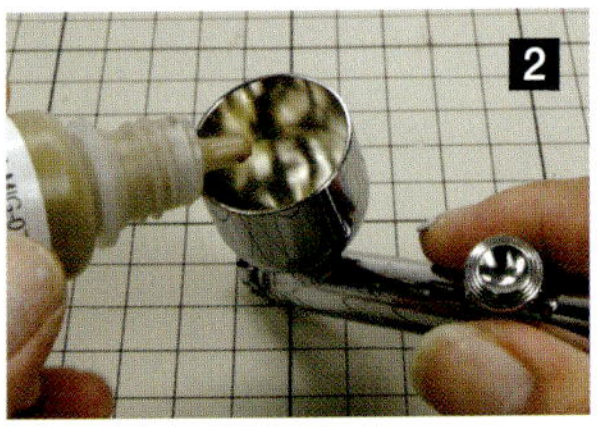
2

3

4

5

6

7

8

アクリル塗料を使った筆塗り迷彩再現

●近年のAFV模型の塗装方法はエアブラシを使った方法が主流だと思います。単色で基本塗装がされた車両などはマスキングもほとんど必要なくハンドピースとコンプレッサーの使用方法を覚えて少し練習をすれば簡単に綺麗な塗装が施された模型が完成します。しかし誰もが最初から高価なコンプレッサーやハンドピースを購入して模型製作に入れるわけではありません。なのでここで原点回帰として日本軍車両の独特な迷彩塗装を筆塗り塗装で再現してみました！ っと言っておいておかしいのですが、今回は個人的に少し前から多用しているアンモ・オブ・ミグヒメネス製の水性アクリル塗料をエアブラシで吹く方法も紹介したかったので最初に塗る基本色のカーキだけはエアブラシを使いました。この塗料をエアブラシで吹き付ける際はうすく色が付く程度の塗膜を繰り返し吹き付けるのが綺麗に塗るコツです。時間は少々かかりますがとても綺麗に発色するのでラッカー系塗料がご家庭の事情などで使えないモデラーさんはぜひ一度お試しください。

1今回使用したアンモ・オブ・ミグヒメネスから発売されている「WWII Japanese AFV early Colors」日本軍大戦前期の迷彩が再現できる水性アクリル塗料の4色セット。

2基本色のカーキは最終的に塗装面積がいちばん広くなるのでムラを出さないようエアブラシ塗装をする。もともとエアブラシで吹きつけられるように希釈されているので容器から直接ハンドピースのカップへ入れても問題なく塗装できる。

3水性アクリル塗料をエアブラシ塗装する際はラッカー塗料を吹き付けるときより低い空気圧でうすく吹き付けることを繰り返す。いっぺんに塗装しようとすると、余計なツヤが出てしまったり塗装面から塗料が弾かれて塗膜が泡立ってしまったりすることがあるので注意する。

4基本色を塗り終えたら24時間以上しっかり乾燥させ、ラッカー系のツヤ消しクリアーで塗膜を保護する。水性塗料の基本色を溶剤成分が強いラッカー系塗料で侵さないように数回に分けて少しずつ吹き付ける。

5ここからはすべての塗装工程を筆塗りで行なう。まずは面相筆など細めの筆で迷彩パターンの輪郭を描き込み、その内側を塗りつぶしていく。一度描き込んだ箇所をすぐに重ね塗りすることは厳禁。少し乾燥させてからまた塗るという作業を下地の色が見えなくなるまで繰り返す。

6できるだけはっきりとした迷彩色の境目を描き込む。一箇所だけ下地が透けていたりするとそれだけで汚く見えてしまう。

7奥まった箇所もエアブラシ塗装の時とは違いマスキング無しで描き込んでいけるので早く作業が進んでいく。履帯や転輪などに間違って塗料が付いてしまっても、あとでその箇所をリタッチすればよいので気にしないで作業を進める。

8迷彩塗装がすべて終わったら装備品や機銃などを同じく水性アクリル塗料で塗り分ける。

日本軍車両の特徴「黄帯」を考察する

解説／高石 誠

日本陸軍の戦車に塗られた迷彩は他国の戦車にはみられない独特の迷彩色「黄色」が帯状に入る。この黄帯は日本戦車の特徴であり、作品をよりらしく仕上げるためには重要なポイントだ。ここでは少しレベルを上げて黄帯の色合いを考察する。

日本帝国陸軍八九式中戦車 乙
グムカ 1/35
レジンキャストキット
現在店頭在庫のみ
㊌グムカ/マキシム
☎047-324-2537

戦車模型へのカラーモジュレーション（陰影を誇張・演出する塗装法方）は欧州の凄腕モデラーによりその技法概念が広がったが、それらの概念を自分なりに消化しながら陸軍４色迷彩への応用を考えてみた。

作業を振り返ると未体験だったことも多くストレスが生じたが、裏返せば特徴的な黄帯の入る日本軍迷彩をリアルに仕上げることは戦車模型仕上げの視点からしても奥が深いことの証しだったのだろう。正直なところドイツ軍物だけのファンだったころは、黄帯入り迷彩は第一次大戦の旧式な迷彩様式を引きずる印象があり、戦後様式にも通じるドイツ軍３色迷彩と比べればどこかオモチャっぽくさえも感じていた。

しかし作業を終えてみると、黄帯入り迷彩こそが他国には類がない日本独自のアイデンティティーと奥深さが同居していて、魅力的な迷彩様式だと思えるようになった。

2

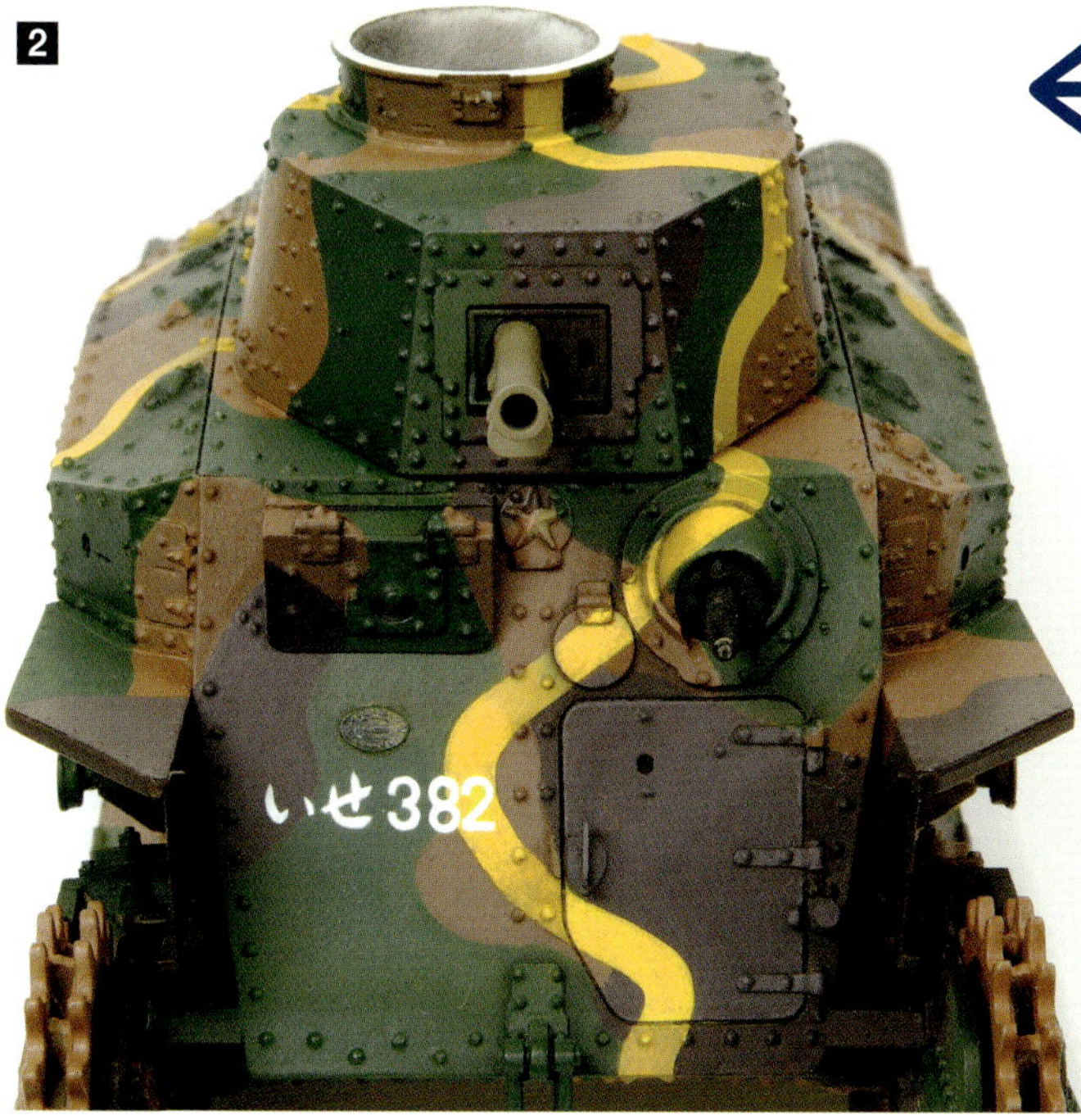

1

1 **2** 前方から見たビフォー＆アフター。砲塔の陰影関係で **2** は天板が一番明るく、次に防盾のある前面となりもっとも暗いのが砲塔側面になっているのがわかるだろう。また左右フェンダーの上面も砲塔上面と同様の明るい迷彩色にして、トップライトによる反射状態を再現した。迷彩色中でもっとも暗い土地色が一番明るく変化していることにも注目してほしい。これは暗色に光が当たると明度の変化が他色よりも大きく見えるのを意図的に再現したのだ。さらに両者の黄帯を見比べれば **1** ではあたかも平面イラストに黄色を塗っただけに見えるが、**2** では例えばキューポラ側面部からはじまり、天板上を経て砲塔側面から車体前面まで続く流れがちゃんと3次元の旅をしている様子に変わったのも見えて来るだろう。これらの演出描写によって小さな模型でも視覚的に実物が持つ大きさを出せることになるのだ。また下の全体像写真でも砲塔後部側面と機関室後部側面の緑色が暗くなり、隣り合わせで水平面の緑になる砲塔や機関室の天板、さらに右後部フェンダーの上面を明色にすることで、ごく自然な陰影による大きさを総体的に感じさせることが可能となっている。ちなみに車体下部のスカート側面の緑も同じ暗色で塗装したが、撮影で敷いた白色マットの反射光で暗さが相殺され陰影感が乏しくなった。ただ逆に言えば暗く塗ってなければ同部分はもっと明るく写ったであろう。さて、このような意図的な陰影や色調彩度の演出描写は、例えれば風景画家がアトリエのなかで屋外の風景を目の前にせずとも、自然でリアルな風景画を描けてしまうあり方と同じだろう。つまり自然な光が物体に注がれる際には一定の原理や法則性があり、それが理解できれば実物は見なくとも意識の中でリアルな姿がイメージできることとなり、同様のことが模型塗装仕上げでも有効だろうと述べたいのである。余談だがよく目にする戦車模型のカラーモジュレーションでは、いかにも人為的で不自然な立体CG画のように塗られている例を見かけるが、本来は自然なリアルさを付加価値的に施すことへ主眼があったはずだろうから、モジュレーションの目的を人工的なCG画のように帰結させるのは単位面積あたりの情報量増加（手数の多さ）だけをもって評価を得るようなことにも思えてしまい、それでは残念だとも考えている。

黄帯迷彩の色調演出をする

3目立つ黄帯迷彩から演出する。デュオ（水溶性の油絵の具）で茶系色を作り、黄帯の車体下部の形の変わり目にそれを置いてきれいな筆で絵の具を薄く薄く伸ばしながら暗い色調変化を付けた。昔のヒストリカルフィギュアで使われた油絵具によるグラデ処理法の応用である。茶色迷彩の上部支持転輪の付け根箇所にも同様に陰を付けている。黄帯のハイライト部分は既に施した黄色のままで、陰になる部分の明度のみを手軽に落とせる方法であり、転輪懸架アームの上にかぶるサイドスカート状の側面板へまたがる黄帯では、形の変わり目になる部位からくっきりと色調が変わるよう意図的に演出処理されているのがわかるだろう。さらにスカートの下にある転輪懸架アーム側面の黄帯はもう一段暗くして変化を深めてもいる。ちなみに、まだ土地色は手付かずの状態なので少々雑に汚れたままなのに対し、緑色には次項で述べる暗い塗装色を施しはじめている。 4油絵具は手軽に陰影のグラデ演出を施すのには有効で、車体各部の黄帯に対しても3と同様の処理を行なったが、その一方で問題も生じた。それは、明度だけでなく彩度も非常に高い黄色に対し暗色系の薄い上塗りで陰影付けを行なうと、見かけ上の明度は落とせても彩度の高い黄色の姿は下層に残るため、黄帯の持つ彩度の高さが妙にギラついて見えてしまい、全体的に自然なスケール感が出てこない現象が生じたのだ。それは次ページの910の比較写真でもわかるだろう。そこで油絵具の陰影グラデ処理法はあきらめ、写真の色見本のようにベース色の1に対し明度と彩度の双方を落とした2と3の色を作って使用することにした。また頁数の都合で写真と解説は割愛するが油絵具使用のデメリットも感じられたので以降は水性ファレホアクリルの使用に変更した。 5ファレホで見本色2に近い色を塗っている様子。 67見本3の色を下部側面の最暗部へ施した様子。3の色はもはや黄色とは言えない色だが、黄帯の周囲に配した次項で述べる他迷彩の暗色に囲まれると相対的に黄色に見えて来るのであり、全体像写真を見ればよりその効果がわかるだろう。これこそ自然なリアルさを成立させるカラーモジュレーションであり、写実様式の西洋絵画では昔からあたり前に行なわれていた技法概念でもある。

3

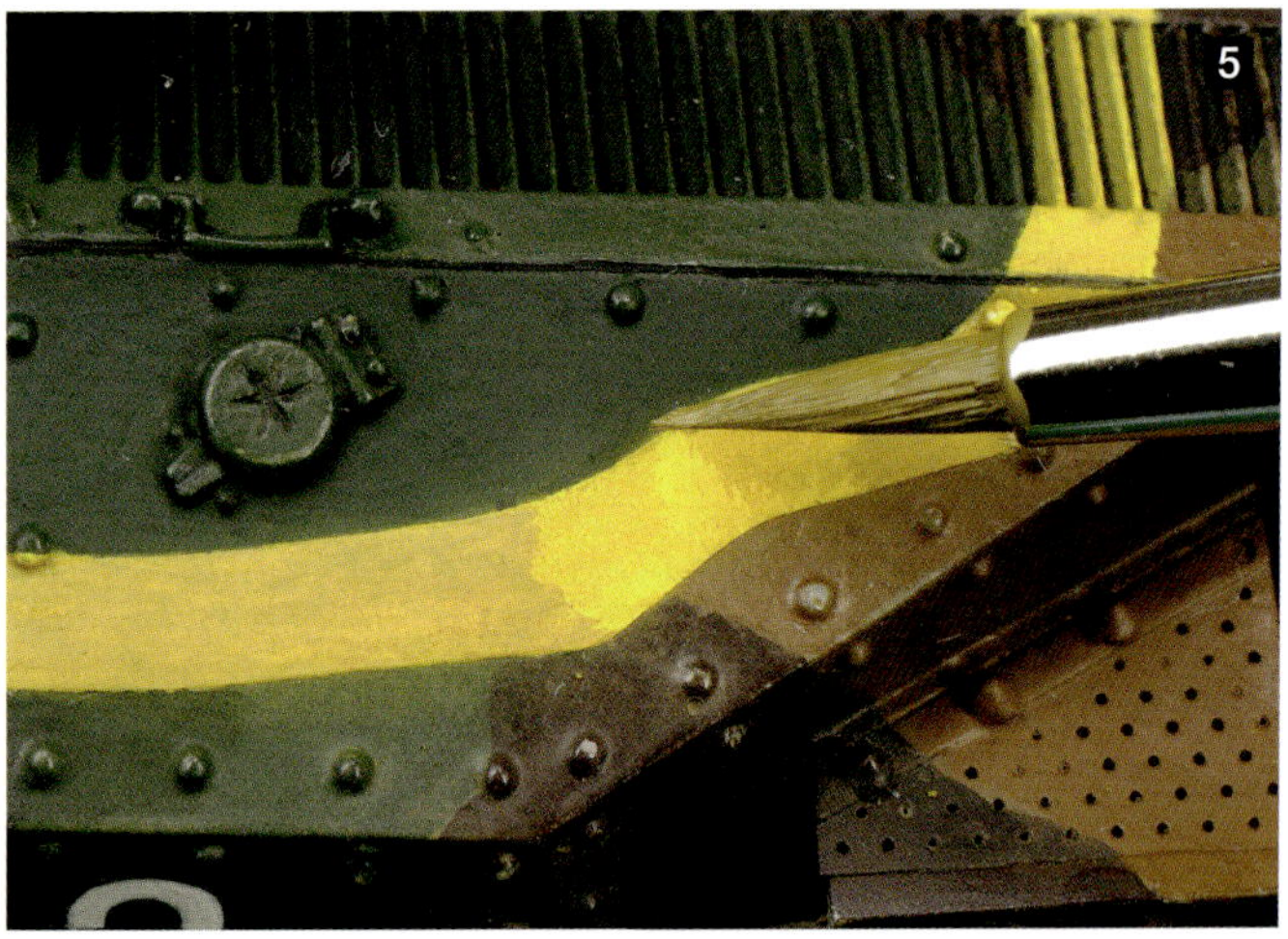
5

4

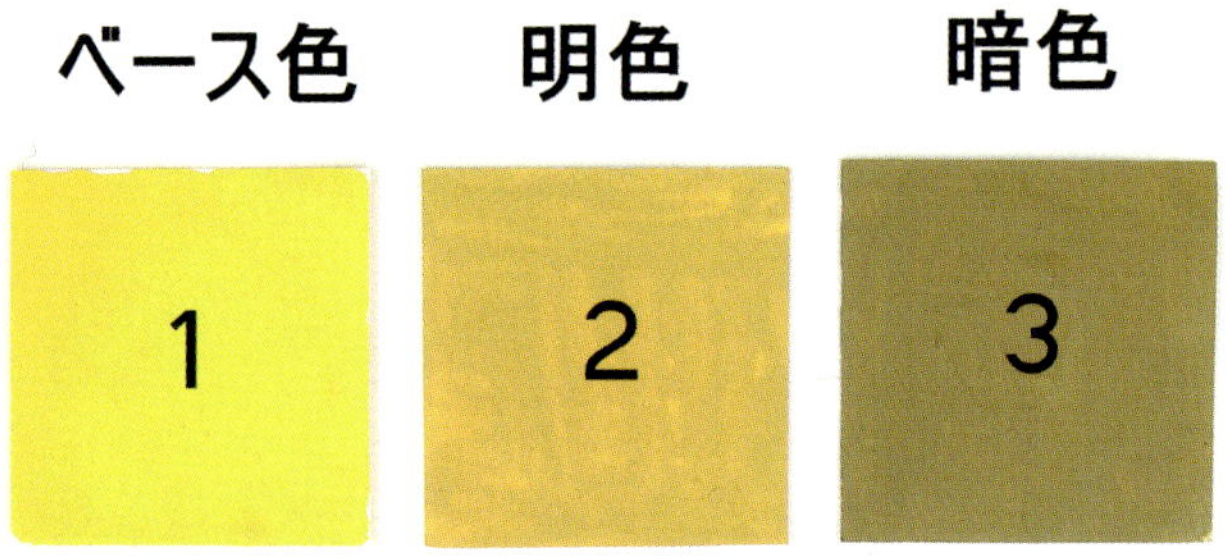

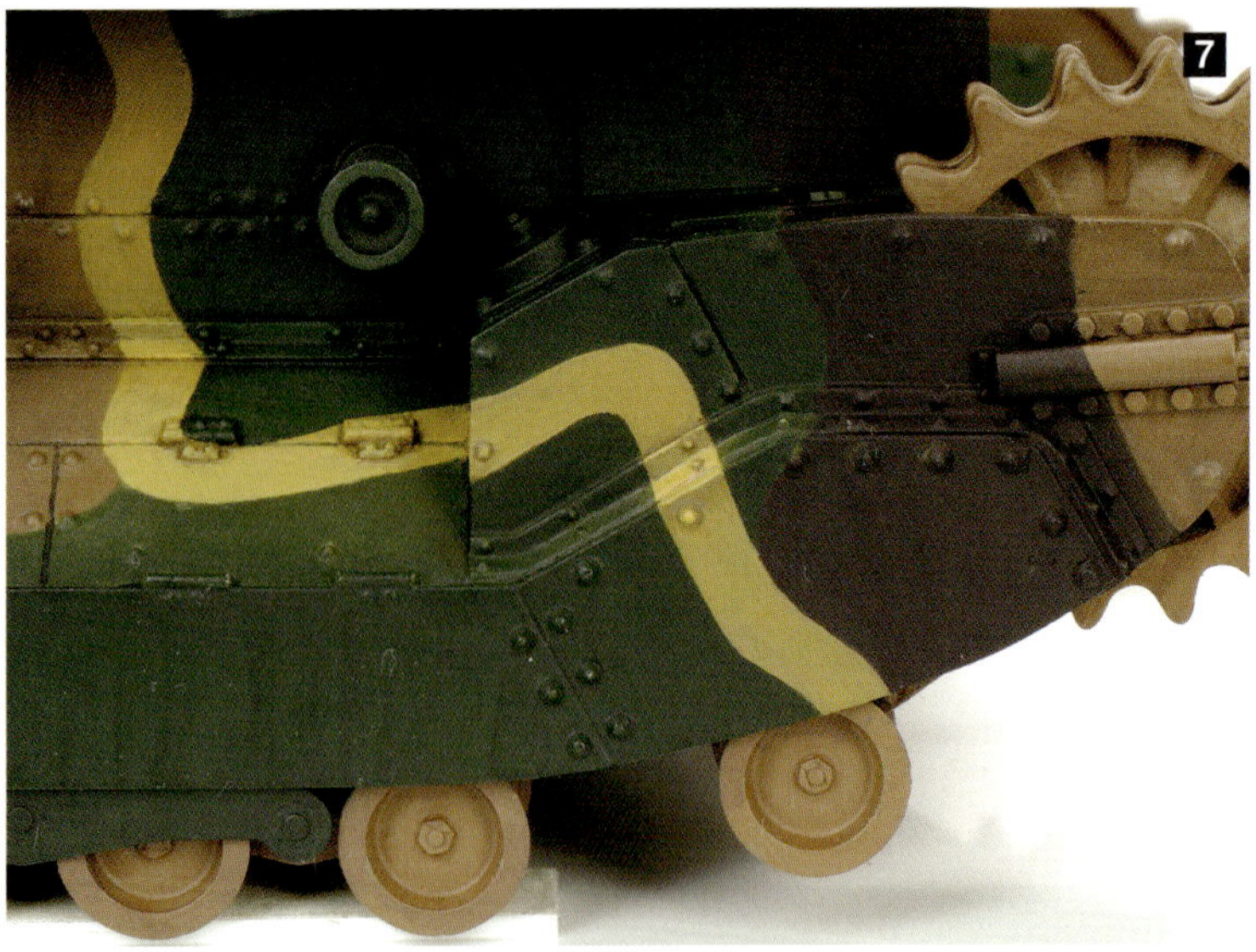
7

6

10

9

8

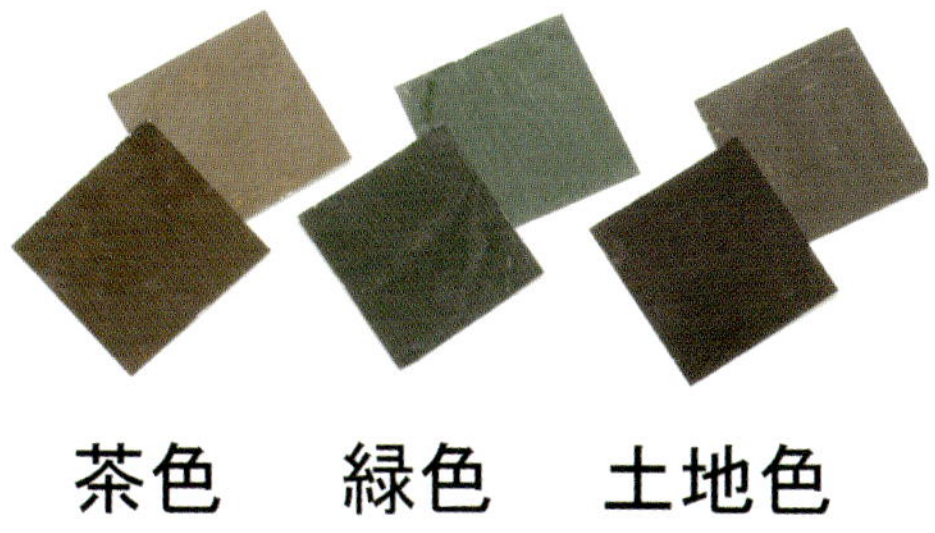

茶色、緑色、土地色の迷彩を色調演出する

11

8黄帯の再調整を進めながら同時進行で他の迷彩色の演出も行なう。それに際して写真のように、各色でも黄帯と同じく明と暗の色調を考えておく。実際は適宜この明と暗の中間色をも無段階にパレット上で作り出し、それを塗ってゆくことになる。 9前ページの写真3と同じくデュオによるグラデ法で黄帯に陰影演出を行なった状態。まだ黄帯の彩度が高頁く明暗変化はあっても妙に玩具っぽい感じがあるのがわかるだろう。彩度が高いと視覚的に対象面との距離感が圧縮されるのでスケール感が出にくいのである。 10黄帯を写真4以降のようにファレホで塗り変え、さらに茶色、緑色、土地色の3色に対してもファレホアクリルで明暗の調子を加え、機関室中心にパネルやハッチの輪郭を強調演出した後の様子。目立つ黄帯の明度だけでなく彩度までを落とすことで、対象との自然な距離感を出せているのがわかるだろう。また機関室上面と車体後部に向かって斜面になる部位との形の変わり目で、黄色、茶色、緑色が同時に明暗対比関係を演出しスケール的な立体感を出しているのもわかる。 11複数の面と面が出会う箇所における、明暗演出の描き分け順番の概念を説明するサンプルとしてあげた写真。写真中の1～6の赤い数字で振った箇所で、最も明るくなるのが1番であり、6番に向かうにしたがって暗くなってゆく様子の説明である。これはあくまで真上のやや車体の前方よりから自然光が注がれたのを想定した場合であり、面と面が出会う箇所の個別な状況や、または演出法自体の考え方を変えた場合には変化球を行なうことも必要だが、後でも述べるように基本原理的に頭の中へ入れておくと陰影変化の演出をする際の判断がしやすくなるだろう。 1213上記の原理を使いそれを砲塔前方部で行ったビフォー＆アフターの様子。12と比べて13はあたかも撮影時のライティングによって作られた自然な陰影での立体感強調にも見えるだろう。

13

12

エアブラシを使って後期車両を塗装してみよう[チヌ]

「エアブラシを使って戦車模型を仕上げる」。本誌を含めた模型誌などでは当たり前のように扱われており、これまでくわしく解説されてきませんでした。そこでここでは初心に返り、エアブラシの選び方から塗装方法まで、ボケのない明白な解説を行ないます。

まずは知っておきたいエアブラシの特徴

カップの形状と容量

●模型用として発売されているエアブラシの大きな特徴がカップの大きさで、10cc前後の容量ものがついている。これは模型のように小さな対象物を塗装することを考慮したサイズだ。また、カップの横に入った三本の横溝は、カップからこぼれた塗料のタレを抑止する効果がある。

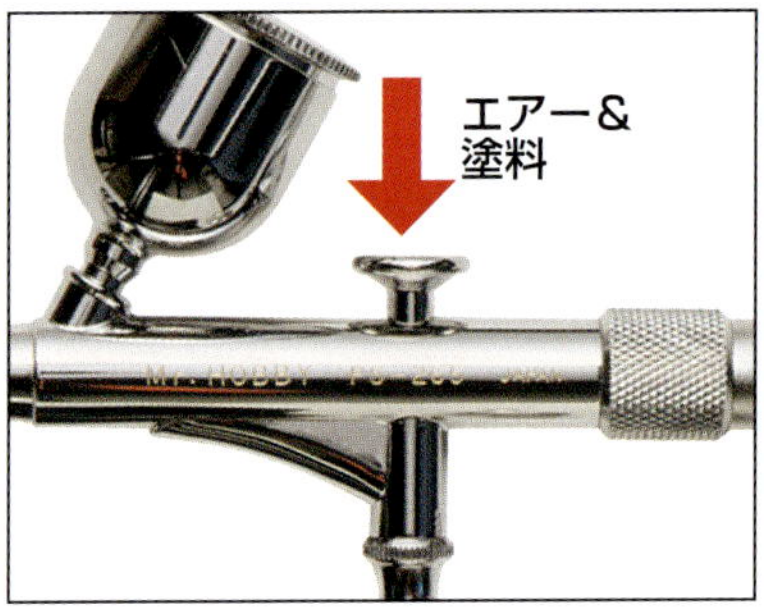

◀シングルアクション

●ボタンが押し方向のみに動き、エア噴出量のみをコントロールするのがシングルアクション。塗料の噴出量を調整するニードルは、あらかじめ位置を決めておく。塗料の噴霧量が一定なので、同じ太さの線を描きやすいなどのメリットがあるが、溶剤の揮発に合わせてこまめにニードル位置をセッティングし直す必要がある。また構造が簡単なぶん、価格が安値なのが特徴である。

エアー圧の調整機能付きもあるぞ！

●最近のエアブラシには手元でエア圧を調整できるタイプのものもある。基本的なエアー圧の調整はレギュレーターで行なうが、ちょっとした微調整をしたい場合に重宝する。

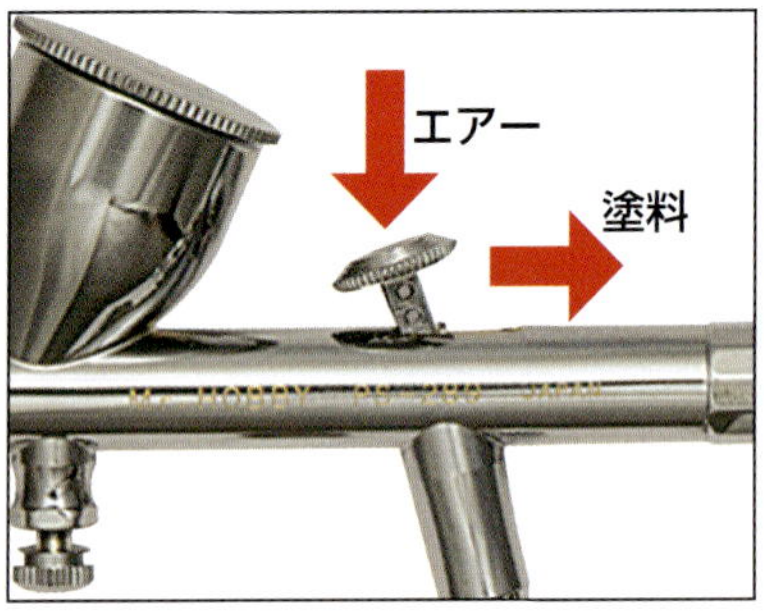

◀ダブルアクション

●ボタンが押し方向と引き方向に動く。押し方向はシングルアクションと同様にエアの噴出量の調整を行なうが、塗料の噴霧量はニードルと直結された引き方向でリニアに調整できるのが特徴。状況に応じて塗料の濃さを変化させられるので、迷彩塗装などに重宝する。反面、使いこなすにはある程度の熟練を要するが、最近のモデルはニードルの最大引き位置を調節して固定することができるので、初心者でも安心して使用できる。シングルアクションよりも構造は複雑で、価格も高めだ。

構造がわかったら実際に作業してみよう

たくさん種類があって、初めて使うときはどのタイプを使ったらいいのかわかりづらいエアブラシも、ここで説明したようにそれぞれの用途に合わせて必然的に用意されていることがわかります。では最初に購入するにはどのタイプがよいのでしょう？

ひと昔前は「初心者ならシングルタイプがよい」と言われていたこともありますが、長く使うのであればダブルアクションのスタンダードなタイプがオススメ。エアブラシは使えば使うほど手に馴染んでくるので、最初はじょうずにできない塗料の噴霧量の調整も、自然にできるようになるでしょう。また真骨頂ともいえる迷彩塗装で色の強弱をつけたい場合、手元での塗料の噴出量調整は必要になるので、最初に買うエアブラシはダブルアクションがオススメです。

●ボタン式のほかに、写真のようなトリガー式のエアブラシもある。カップの容量も大きいのでダイオラマベースや1/16の戦車など、対象物が大きなものを塗装する際に使用すると便利。

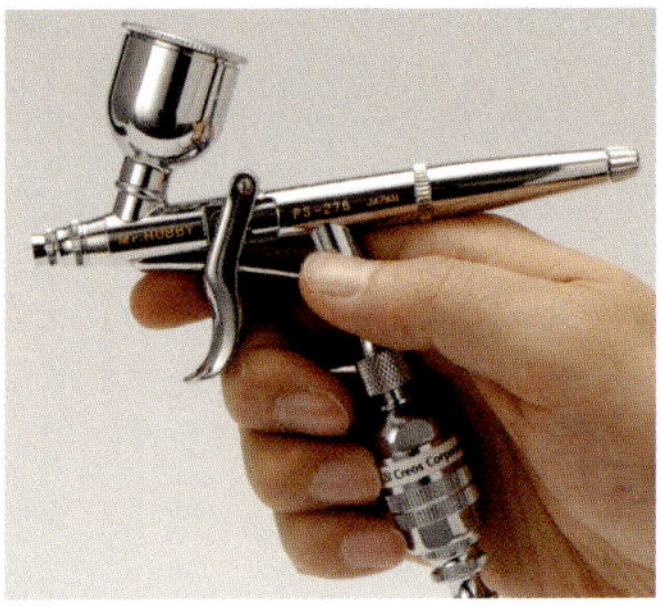

●ニードルキャップの形状は二種類ある。写真右の先が割れている「王冠タイプ」は主に細めの口径に採用されており、対象物に近づけてもベンチュリー効果でノズルが塗装面に吸いつくことを防止している。写真左の「円筒タイプ」は塗料のミストが飛び散らずに一定範囲に集まるように配慮されており、大きな口径のものに採用されている。

作業開始

▲作業で使用したのはGSIクレオスの『プロコンBOY WAプラチナVer.2 ダブルアクション』（価格は税込1万4364円 カップ容量は10cc、口径は0.3㎜）を使用。塗料はMr.カラーの日本陸軍戦車色セットを使用する。

Point 1

▲基本塗装に移る。色はMr.カラーの日本陸軍戦車色（後期迷彩）セットに入っている枯草色に白とNo.321黄土色を混ぜて明るくして使用した。途中で塗料が足りなくなると面倒なので多めに作りスペアーボトルに入れておいた。

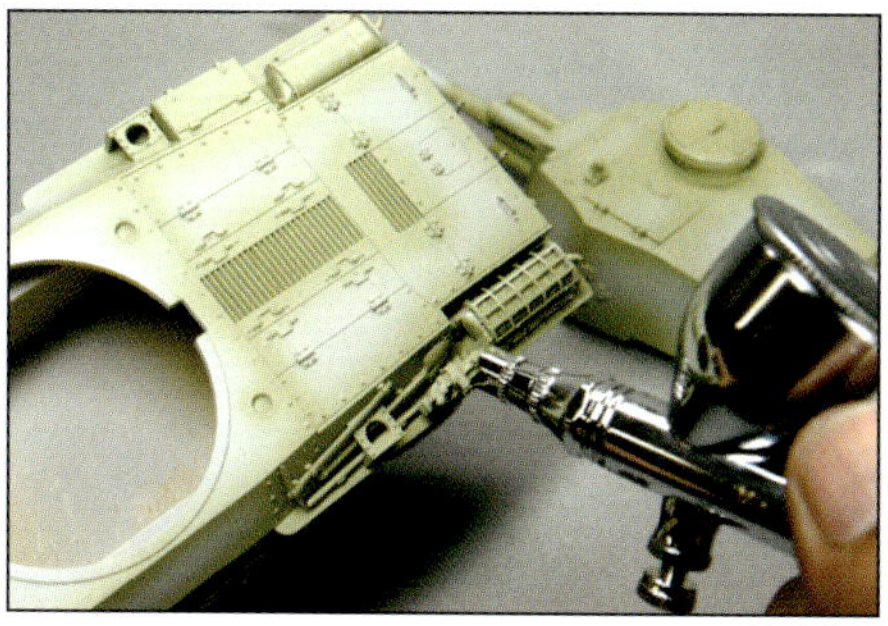

▲下地塗装にサーフェイサーを吹きつけたら、基本色となる作っておいた枯草色を吹きつける。吹き始めはマフラーの裏や格子状の部分など奥まった所や角など塗装しづらい部分を先に塗ると、色ムラもなく塗ることができる。

Point 2

▲基本色の枯草色が塗り上がったら、迷彩塗装を行なう。迷彩は草色から塗る。色は明るい色から塗り重ねると発色がよくキレイに塗ることができる。まずは迷彩の輪郭を描く。ポイントは境目のボカシ具合を見ながら描くこと。

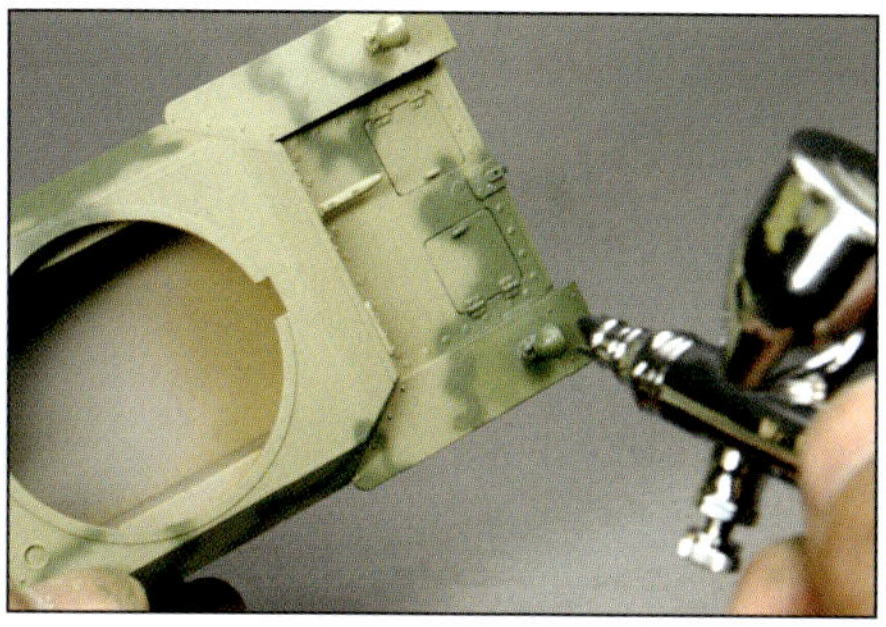

▲パターンを描き終えたら塗りつぶす。まず外枠から描くのは、失敗した際に修正がしやすいことと、塗りつぶしに対してパターン描きは慣れが必要なので、慣れてきたうちに作業を切らず終えてしまった方が上手くいくためだ。

▲次に茶色を塗る。Mr.カラーの日本陸軍戦車色（後期迷彩）の土地色は実物に対して忠実に再現されているが、好みとしては「若干暗い（黒い）」と思い、日本陸軍戦車色（前期迷彩）セットの茶色を2：1で加えている。

Point 1 塗料の薄め具合の基本

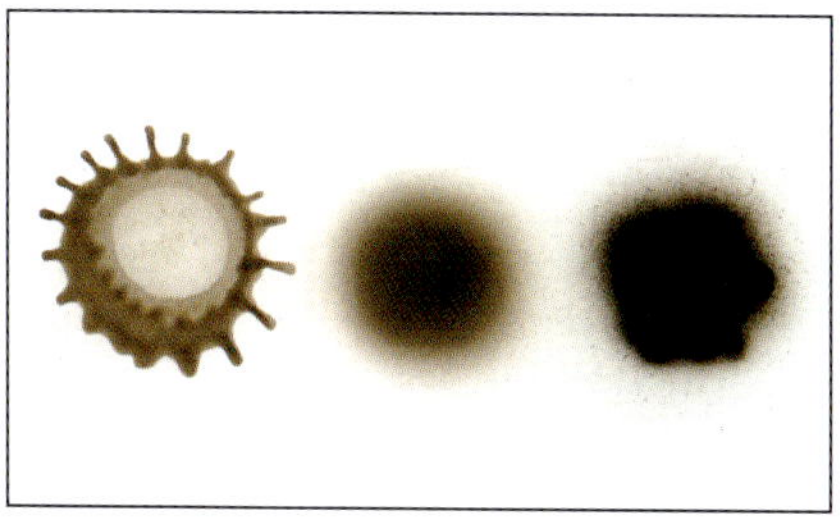

◀プラ板などに試し吹きして調子をみるとよい。エアー圧が適正として左は薄め過ぎ、中央が丁度よい状態。右は薄め液が足りず塗料が濃い状態だ。

▶コンプレッサーによってはエアレギュレーター（圧力調整弁）がある。濃い場合は圧力を高め、薄い場合は低くするなど塗料を作り直さなくても調節できる。ちなみに基準値は0.1MPa（1バール）。

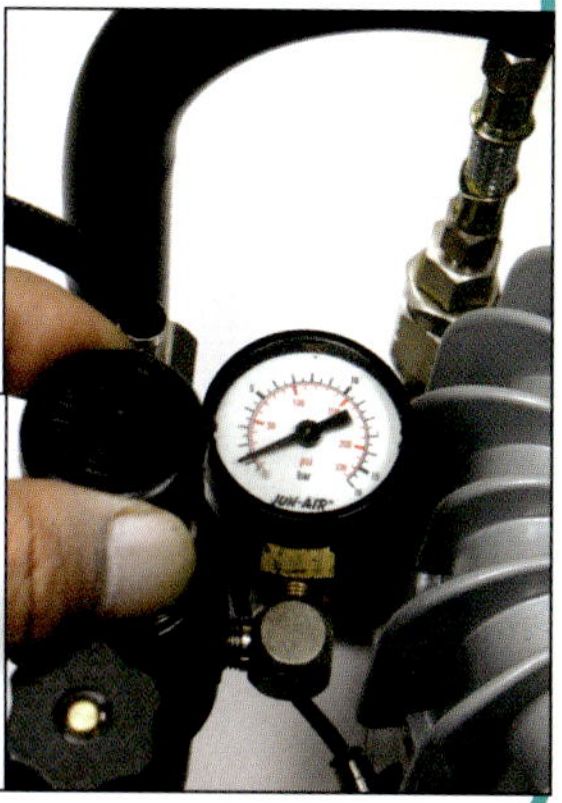

▼目安としての薄め具合は塗料の濃度が正しい状態で薄め液の割合は1：2。

Point 2 細吹きのコツは動かす早さと距離

▲塗料の吐出量を調節して手を止めずにスーッと書いた線（右）。とゆっくりと動かした線（左）の比較。ゆっくり動かした方は所々塗料が溜まり、ボケかたにムラがある。止めずに動かすのがコツだ。

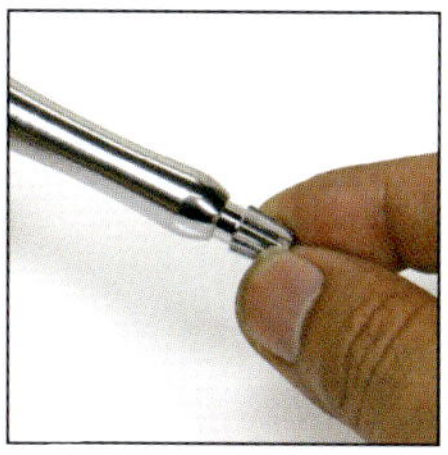

◀ニードルの引きしろを決められるツマミが付いている場合は、回して塗料の最大吐出量を絞り込んでおく。あとはエアーを出す量にだけ集中すれば細吹きできる。

ノズルを離した場合

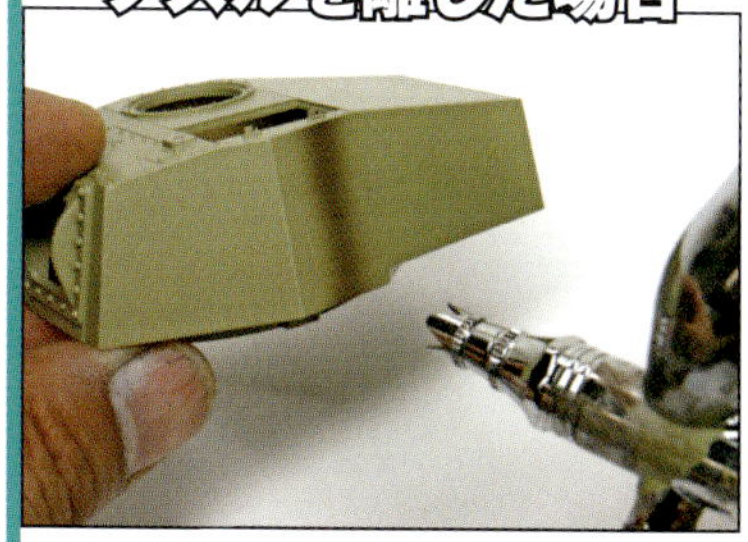

▲ノズルを離すとボケる幅は広くなる。近づけた場合に比べると、塗料の吐出量やエアー圧にはさほど神経質になる必要はない。また、ボカしかたの調整はエアブラシのエアー噴出量の調整で変える。

ノズルを近づけた場合

▲ノズルは近づけるとあまりボケずに比較的クッキリとした線を描くことができる。ただし、ノズルを近づけての作業は塗料溜まりができやすいので、塗料の吐出量とエアーの調整はしっかり行なおう。

▲迷彩各色を塗り終えて確認したところ、一部吹きこぼしを発見した。作業が散漫になったり面やディテールが入り組んだ部分ではおきやすい。三式中戦車の場合、写真部分と、砲身付け根などの起こりやすいようだ。

▲吹きこぼしを修正する。基本色として作った枯草色を使い塗り重ねる。一見するとこのままでもよいように見えるが、微細な飛沫が飛んだ分、茶色に枯草色を被せて吹いた部分だけ色味が違っている。茶色を使って仕上げた。

▲修正も終わり迷彩作業が完了した状態。正直あまり後期の日本軍を製作したことが無かったので、いつもの癖で「ドイツ軍」ぽくなってしまった……と思っていたが、調べると末期の日本軍はこんな感じだったらしい。

Point 3

▲転輪のゴム部を塗り別ける。あとでアクリル溶剤を使いピグメントウェザリングをするため、ラッカー塗料のジャーマングレーを使ったが、ラッカー塗料の筆塗りは難しいのでエアブラシの細吹きで吹った。

▲転輪の鉄部分や奥のシャシーに飛んだジャーマングレーを修正。仕上げにゴムとの境目を面相筆にラッカー塗料のジャーマングレーを取り、スッとひとなでして完了。結局筆は使用するが、塗装の手間や難易度はずっと簡単。

▲履帯はモデルカステンの連結可動式を使用した。可動履帯の塗装は塗膜が厚くなると動きが渋くなるためサーフェイサーなど下地剤を吹かないで直接色を乗せる。使ったのは「NATO軍セット」のテーアシュバルツ。

Point 4

Point 3 ノズルの向きに注意

▼枯草色の基本色に草色で迷彩模様を吹き重ねる場合、迷彩の境目より内側から外に向かってノズルを向けると、塗料の飛沫が基本色を残したい部分にまで飛び散ってしまい、迷彩ラインもぼやけてしまう。

○

×

▲ノズルを迷彩ラインの外側から内側に向けて吹くことにより、飛び散った飛沫も最終的には塗りつぶされるので迷彩ラインが崩れることはない。

●エアブラシは筆ほど明確に対象に対して塗れるわけではないことを忘れてはならない。迷彩塗装など、基本色に別の色を塗り重ねる場合はノズルの向きに注意する。

1

2

3

Point 4 連続作業ならいちいち洗わないでもOK!?

◀吹く塗料を変える場合、カップ内はきれいに洗浄するのが原則ではあるが、戦車模型ならではのテクニックとして、いままでの塗料を棄てたら、次の塗料を注いでそのまま吹き続ければ最初の色がやがて新たな色に変わるという使用するという方法もある。一見乱暴に見える方法だが、薄い色味から順に塗っていく戦車模型ならではのウラ技といえる。しかも基本色を迷彩色に少々混ぜて色味のコントラストを弱めるというテクニックもあるくらい。くれぐれも濃い色味のあとには使用しないこと。

46

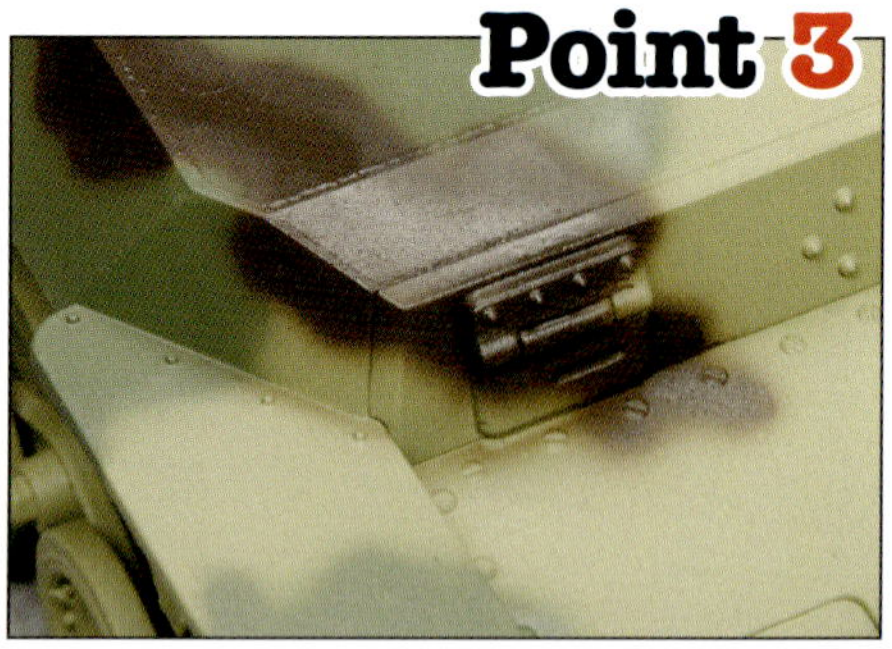

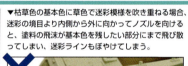

▲装備品を塗りわける。モケイ的な解釈として、木製の部分は木の色で金属部分は黒で塗るという方法もあるが、今回は実車に習いカーキにした。色はMr.カラー日本陸軍戦車前期迷彩色に入っている陸軍カーキを使用した。

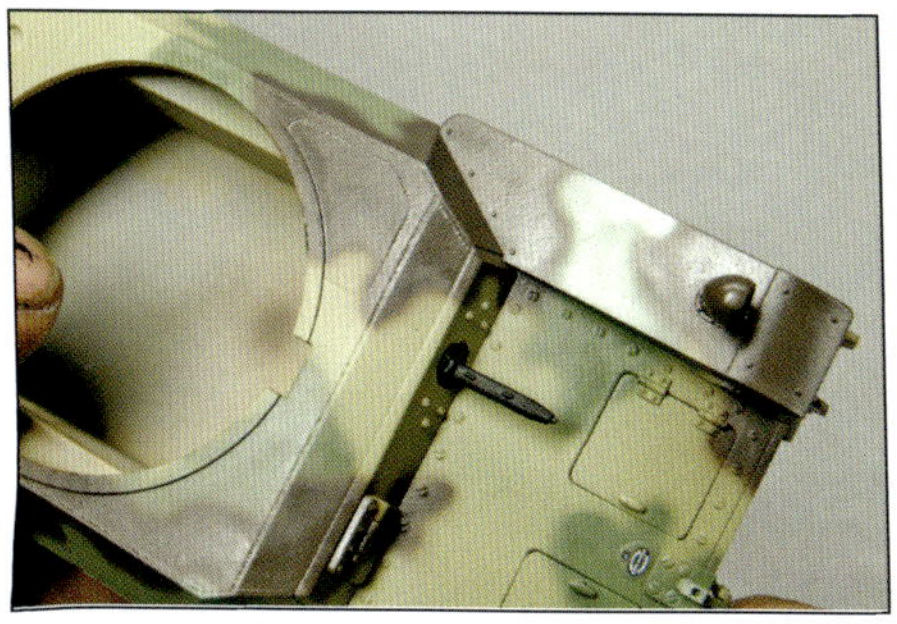

▲迷彩塗装で使用した塗料は3/4ツヤ消しとなっている。本来ならツヤは均等になるはずだが迷彩のフチの部分と塗りつぶした部分は吹きかたが違うためツヤムラができてしまうこともあるが気にしなくてよい。

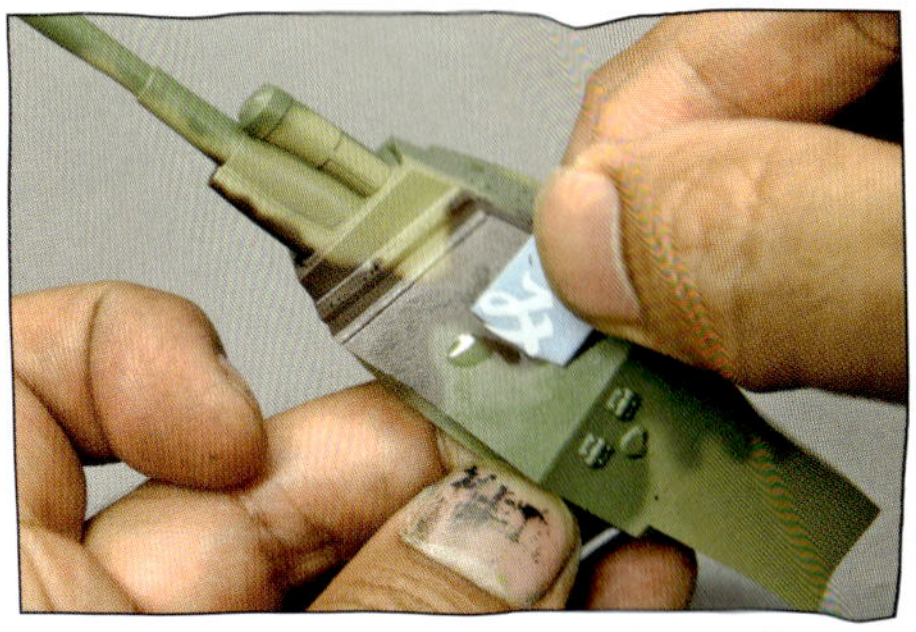

▲迷彩塗装、細部塗り分けができたらデカールを貼る。貼る部分にマークセッターを塗り、その上からデカールを貼り、綿棒に水を染み込ませてデカール中央から空気やマークセッターを追い出すように外側に向かって転がし定着させる。

Point 5

▲クリアーを吹き付けツヤを整える。デカールを貼り付けてから半日以上置き、しっかりと水分を飛ばしてから吹きつける。クリアーはスーパークリアー光沢にフラットベース（なめらか・スムース）を加えて半光沢にした。

▲クリアーでデカールを保護したらウォッシングをする。タミヤエナメル塗料のフラットブラウンにフラットブラックを加えて作った焦げ茶に溶剤を加え薄めた塗料を全体に塗っていく。

▲ウォッシングで塗った塗料が乾いてきたら、綿棒にエナメル薄め液を染み込ませて拭き取っていく。拭き取ってしまうとムダな作業のようにも感じるが、強く擦っても表面にはうっすらと塗料は残る。

Point 5 エアブラシの洗浄方法

▲ツヤ消しクリアーなど透明色を吹いたあとは、洗浄具合がわかりづらい。そこで洗浄する前に別の塗料を混ぜておくと、視認しやすくなり、キレイに洗浄することができる。

◀エアブラシを洗浄する際にあると便利なのが「Mｒ.ツールクリーナー改」税別500円（GSIクレオス）。付着した塗料を、強力に落とすことができる強力な溶剤。うすめ液として使用すると下地やプラスチックを溶かすことがあるので注意。

●塗装作業終了後、洗浄が不充分だと高価なエアブラシが台なしになってしまうのでしっかりとした洗浄方法を紹介しよう。❶まずはカップの蓋をはずし、残った塗料を塗料皿などに出す。❷カップ内をティッシュペーパーで拭き取る。完全に拭き取ることは不可能なので、ほどほどでよい。❸ラッカー溶剤（うすめ液、ツールクリーナーなど）をカップに注ぎ、使い古しの筆を使ってカップの底に付着した塗料を溜ぐ。❹カップ内の汚れた溶剤をティッシュペーパーに噴射することで、内部のニードルの洗浄になる。❺エアを逆流させてカップ内を濯ぐ「うがい」を行なう。先端のニードルキャップが円筒タイプの場合は、先端に指やティッシュペーパーで蓋をしてエアを噴出する。王冠タイプの場合はニードルキャップを緩める。❻汚れた溶剤を棄てて、きれいな溶剤に入れ替えたら、再度ティッシュペーパーに吹く。ティッシュペーパーに付着する溶剤に色がつかなくなるまでこの作業を繰り返す。❼先端のニードルキャップの部分も汚れているので、溶剤を含ませた筆で洗浄する。❽カップの外側に付着した塗料も、溶剤を含ませたティッシュペーパーできれいにする。❾意外と忘れられがちなのがカップの裏の汚れ。カップの外側同様に、ティッシュペーパーできれいに拭き取る。

7

4

8

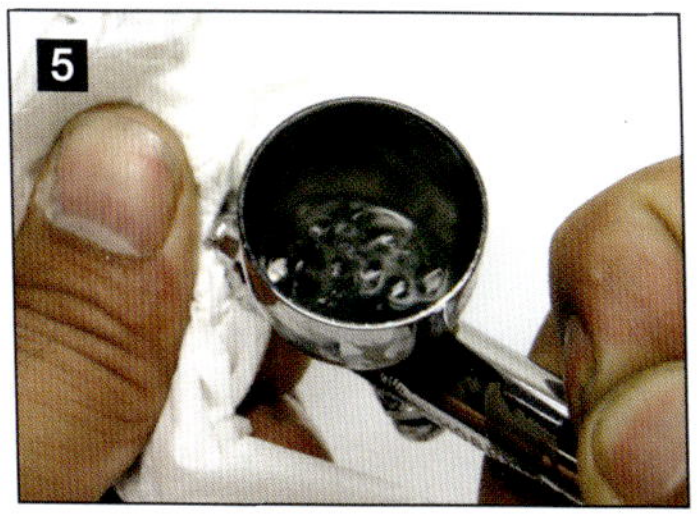
5

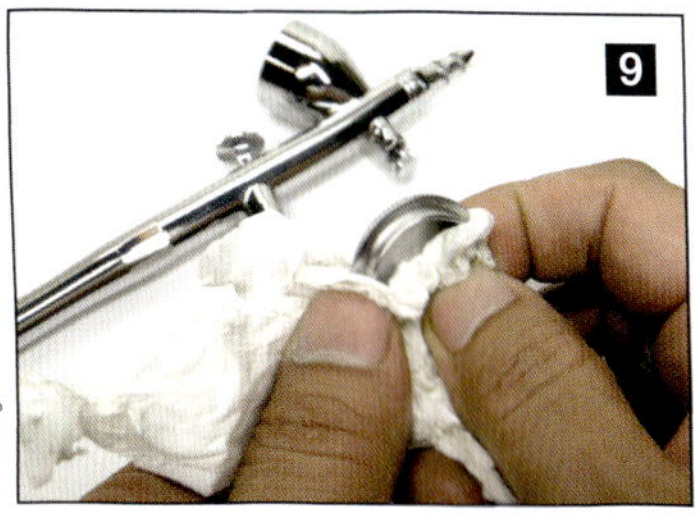
9

6

▲ウォッシングが完了した状態。迷彩色によって隣りあった色同士など多少チグハグな印象があったが、ウオッシング（ひとつの色を上から被せたことで）をすることで統一感も出て色味も落ち着いたのがわるだろう。

▲次にチッピングを施す。タミヤエナメル塗料のフラットブラウンにジャーマングレーとフラットブラックを混ぜて作った焦げ茶で、乗員がよく触れる場所、金属同士が接触しやすい場所などに面相筆で描き入れる。

▲車体に被った埃を再現する。今回はピグメントではなくエアブラシを使いエナメル塗料で再現してみた。タミヤエナメル塗料のダークイエロー、バフ、ダークアースを混ぜて作った埃色を、車体上面に低圧でフワッと乗せていく。

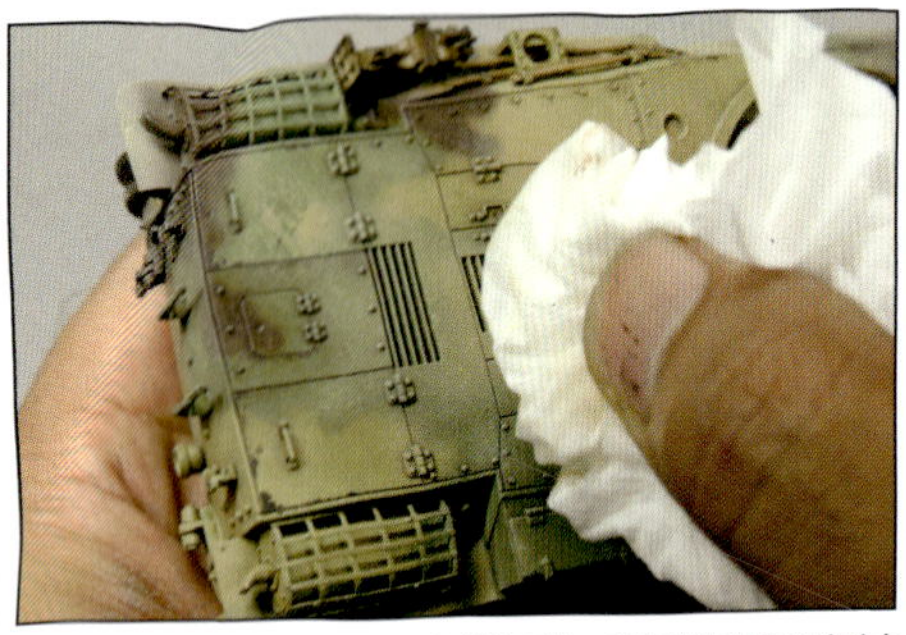

▲エアブラシで吹いただけでは、規則的になりいまひとつ。そこでエナメル溶剤を染み込ませたティッシュをスタンプのようにポンポンと叩くと埃色が滲んだり、部分的に落ちたりとより自然な感じになる。

▲足周りはピグメントで土埃を再現した。ミグプロダクションズのガルフウォーサンドをタミヤアクリルの薄め液で溶いたものを塗り、乾かないうちにガルフウォーサンドとダークマッドを粉のまままぶす。

▲余分なピグメントを綿棒や腰の強い筆で取り除いてから、起動輪や誘導輪など擦れて地肌の金属がでる部分にタミヤのペイントマーカーのシルバーを使いドライブラシをする。砲口や機関銃、ジャッキなどにもしておこう。

テクニック以外のエアブラシ講座

技術的なことは説明してきましたが、エアブラシをよりよく使いこなすためには、環境を整えることも重要です。といっても「塗装用の部屋を作りましょう！」とか大それたことではなく、作業机の周りでできるもっと基本的なことを解説したいと思います。

大きく別けてポイントは3つ。まずは、ここまでエアブラシ（ハンドピース）自体の使い方を解説しましたが、当然ながら圧搾空気がなければ吹きつけはできません。「空気をいかに得るか」がまずひとつ目のポイントでしょう。また、作業では微量でも粉塵が舞いあがります。吸い込み続けると健康を害する心配がありますので、作業量に関わらず対処が必要となります。最後、3つめのポイントとしては、便利な環境作りグッズを利用することです。もう無いと作れない!? オススメのアイテムを紹介しましょう。

やっぱりコンプレッサーがなければダメ？

▼もうひとつは「コンプレッサー」だ。価格も1万円を切る商品もあり買いやすくなった。長く使う、使用頻度が多いならコンプレッサーをオススメする。合わせてレギュレータも用意すると完璧! また、写真のようにエアブラシとセットにした商品もある。

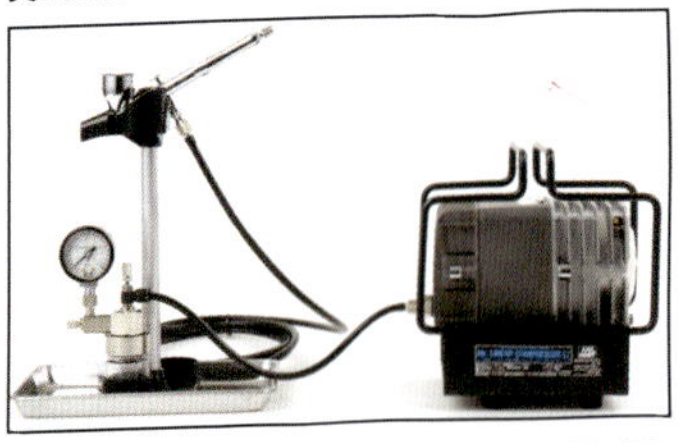

▶圧搾空気を得るためにはふたつの方法がある。そのひとつは「エアー缶」だ。エアー缶はその価格（容量により、約600円～1500円程度）から、初心者用と思われがちだが、連続使用では缶が冷えて圧力が低下し、その都度塗料の濃度を微調節する必要があったりと初心者用とは言いにくい面もある。またエアブラシを使う機会が増えるにつれコストパフォーマンスは落ちていくが、決して"使えないもの"ということではないので「エアブラシの使用頻度」が低ければ、エアー缶が適している。

マスクの装着は必項です！

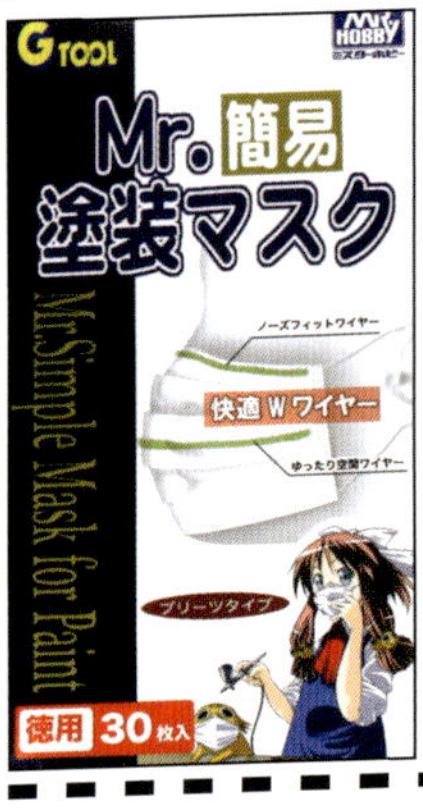

◀万全を期すためにはゴム製の防毒マスクが欲しいところだが、そこまで言わなくとも簡易マスクは使用したい。
▼塗装用の換気扇を用意すれば効果絶大。部屋も臭くならない。

あるとベンリ♪おすすめグッズ

●エアブラシの環境グッズは数多くあるが、ここではぜひ持っておきたいアイテムを紹介しよう。まずは写真右の「エアブラシ・スタンド」だ。エアブラシ作業ではちょっと手を放したくなることが多い。その際、寝かせておくわけにもいかず難儀する。スタンドがあればヒョイと乗せておけば塗料がこぼれたりといったトラブルを防ぐことができる。左側の容器は薄め液を注ぐために用意したもの。先が細く管状になっているのでカップに注ぐ際などドバッと入れ過ぎることも少ない。

エアブラシ塗装完了！
三式中戦車[チヌ]75㎜砲搭載型

●ファインモールドのキットは、とくに合いが悪いということもなく、説明書の指示どおり組み立てれば問題ない。今回はアルミ製挽きもの砲身（日本陸軍・三式中戦車長砲身用砲身　税別1200円）と格子状のマフラーガードなど部分的にエッチングパーツを使用。こちらもファインモールド製（日本陸軍・三式中戦車用アクセサリーセット　税別1300円）。履帯はモデルカステンの連結式可動履帯（SK-31　九七式【一式・三式】中戦車用履帯　税別4000円）に交換した。可動履帯はディテールのよさもさることながら、車体とは別々に塗装できることも利点だ。

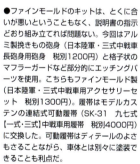

九四式軽装甲車での教訓を活かし誕生した九七式軽装甲車

解説／きたみ みちお

九四式軽戦車は戦場下での物資輸送や歩兵直協の豆戦車として当初の開発意図以上の活躍を見せたが、物資輸送の牽引車両としては馬力不足が否めなかった。また車載機銃1丁のみの火力は戦闘を重ねるにつれ不充分との声も上がった。さらに狭い車内はエンジンの熱気と機銃発射のガスがこもり厳しい環境下での操縦運用を余儀なくされていた。しかも当時は配管のパッキン技術が不充分で、漏れた燃料が車内で気化し引火・火災事故へと繋がる危険性など、改善すべき点が浮き上がっていた。

昭和12年9月に、新たな軽装甲車の主要性能目標が掲げられた。2度の試作車製作・実用試験の後に採用された本車は九四式軽装甲車に比べて車体・砲塔ともに大型化された。車体は被弾経始を考慮し前面ならびに側面を傾斜させ、操縦席前方も曲面で構成した。車体重量は3・5tに増大するがエンジンは九四式の35馬力から65馬力へアップ。車体後部におさめられたエンジンは車体後方に配置し室内とは隔壁を儲け騒音や熱を遮った。砲塔には37㎜戦車砲の搭載も可能となったが、やはり小型の砲塔に戦車砲の搭載は容易ではなく、ふたり乗り車両の車長が砲手を兼ねるため作業性も考慮されたレイアウトとなる。砲塔は車体中心軸より進行方向左にオフセット。さらに搭載砲は砲塔右側に寄せられ、砲塔前方向に対し左斜め向きに設置された。これにより、主砲が車体前方12時の方向を向いた時に砲塔内部には最大限の空間が生まれる。操縦手席を他の先頭車両と異なり例外的に左側に配することで、車長と操縦手との意思疎通を容易にした。

本車の配備が始まって程なく、昭和14年10月よりそれまでの独立軽装甲車中隊は併合され戦車連隊が発足。この隷下となる捜索連隊では機銃装備車を主とし、中／小隊長車が戦車砲を装備した。昭和16年12月6日の日米開戦では真珠湾攻撃よりわずかに早くタイ南部に上陸し進撃作戦に参加。戦争後半には満州では対ソ連、ビルマ領内では米軍／中国国民党軍／英領インド軍と対峙するなど各地で奮戦した。■

九七式軽装甲車[テケ]

九四式軽装甲車を進化させたのが九七式軽装甲車だ。そのフォルムはじつに日本軍戦車らしく、また美しい。キットはファインモールドから発売されており、唯一の存在でありながら決定版と言っても過言ではない仕上がり。ここではその名作キットをダイオラマ仕立てで製作した作品をご覧いただこう。

帝国陸軍九七式軽装甲車［テケ］
ファインモールド　1/35
インジェクションプラスチックキット
発売中　税別3500円
㊂ファインモールド　☎0532-23-6810

製作・文／竹 一郎

●2007年に製作した作品。車両の仕上げもさることながら、数々のメーカー原型製作も務める氏だけあって、自然なポージングやしぐさ、しっかりした骨格などフィギュアがすばらしい仕上がりで、まさに竹作品の真骨頂といえるだろう。またダイオラマ作品では重要となる車両の仕上げ、地面の塗り、フィギュアとどれも塗装や求めているリアリティーの方向性に統一感があり、ちぐはぐな印象がまったくなく、完全にひとつの作品として完成していることにも注目してほしい。

九七式軽装甲車[テケ]

か

か

か

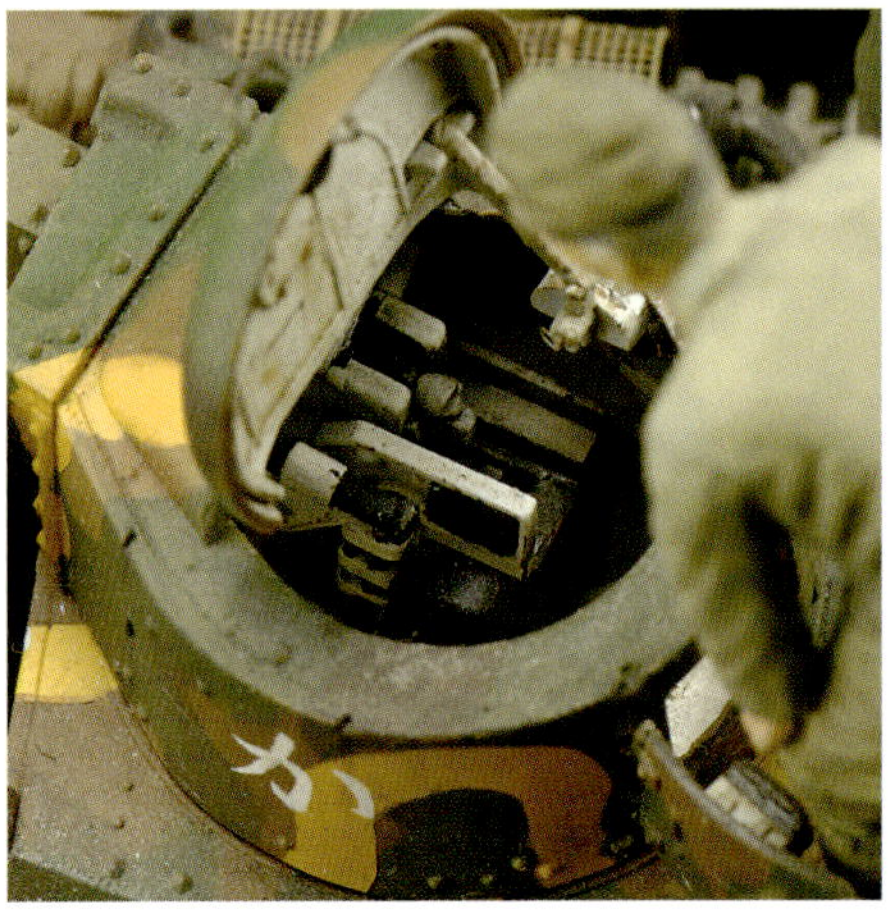

九七式軽装甲車[テケ]

●ファインモールドのキットは搭乗用のハッチはもちろん、エンジンデッキや車体前方にあるメンテナンスハッチが開閉選択式となっていて、開けた際に見えるエンジンやトランスミッション、砲尾など車内も再現されている。模型を通じて動く仕組みや構造を理解することができると同時に、紹介している作例のようにハッチを開けて「後方で整備中のひとコマ」といったダイオラマの場面を考える際の選択肢を広げることもできる。

人物イメージを正確に掴み"生きた"フィギュアを作る

ファインモールドの九七式軽装甲車は、アイテム選択といいキット自体の出来といい、同社の面目躍如といった感のある名品です。このキットが大幅値下げされて再販されたときはおおいによろこびました。この作品はそのころに製作したものです。フィギュアはフルスクラッチビルドで製作しています。そこでフィギュアを造形することに関する雑感などを少々書いてみます。

最近筆者は空モノを作ることが多いのですが、もともとはAFVモデルをおもに製作していました。これは当時フィギュアを作るにあたって1／35のほうが大きさや素材の多さの点で何かと都合がよかったからで、どちらが好きかというよりも、ジャンルに限らず人とマシンが作るドラマを再現することに興味を持っていたように思います（フィギュア単体の作品はあまり作っていません）。映画でいうとフィギュアが俳優で車両や飛行機が大道具にたとえられるかもしれませんが、背景だからいい加減に作るのではなく、役者を最高の舞台に立たせるべく、こちらにも充分手を入れたいと考えています。

また筆者は旧軍を題材とした作品や原型の依頼を受けることが多いのですが、その際に考えるのは当時の生きた日本人を作るということです。昔のハリウッド映画に出てくるステレオタイプの日本兵のようなフィギュアはどうも苦手です。変に理想化しようというのではなく、記念写真などのなかにある凛々しい祖父たちの姿をなんとか再現したいと思っているのです。日ごろからできるだけ多くの写真や手記に目を通すよう心がけているのですが、日本人を作るときに限らず、自分のなかでしっかりとイメージを掴んでおくことがフィギュアをフルスクラッチビルドする際には大切なことだと思います。そのイメージに近づけるために、あれこれと工夫する過程は苦しくも楽しいものであり、完成したときの喜びは格別のものとなるのです。

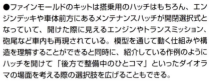

九四式軽装甲車［TK］前期生産型

無駄を省くことで結果としてコンパクトに設計された車両が誕生する。その最たる車両が「九四式軽装甲車」だ。軽自動車よりも小さな豆戦車は1/35では手のひらにすっぽりと収まるサイズとなっている。

九四式軽装甲車［TK］
ファインモールド　1/35
インジェクションプラスチックキット
発売中　税別3000円
㈱ファインモールド　☎0532-23-6810
製作・文／**山口由幸**

軽快な機動力を活かし有効な機甲戦力として活躍

解説／きたみ みちお

八九式軽戦車（当時）の制式採用より陸軍は部隊の機械化を計画したが、世界各国は第一次大戦と世界恐慌を経た軍縮化を迫られており、これは日本も同様であった。

この次期にイギリス・ヴィッカース社が開発したガーデンロイド装甲車は、低価格とコンパクトな形状で有効な補助装甲車両と足り得ることから各国で歓迎された。日本陸軍も昭和6年の春に輸入し試験研究を行なった結果、対歩兵用装甲車としての価値が認められ、同年内には陸軍技術本部と歩兵学校幹部による座談会で、歩兵戦闘用の豆戦車を研究すべく意見が交わされた。これより、路外性能の強化や小銃弾に耐える装甲に軽機関銃1丁を備え捜索や警戒・連絡任務に供し、また専用の被牽引車との組み合わせにより戦場物資輸送、特に敵弾下での弾薬・糧食輸送を期待される車両開発へと進んでいく。昭和8年3月に完成した試作車は改良の後、翌年に「九四式軽装甲牽引自動車及び九四式三／四屯被牽引車」として仮制式となる。程なく参謀本部からの指示があり、歩兵支援の豆戦車的な性格が強いことから実質的な呼称として「九四式軽装甲車」と改められた。

車体は滲炭鋼板を用いた全溶接構造とし、搭載火器は機関銃ながらも回転砲塔を設置するなど戦闘を意識した車体は、手本としたガーデンロイドと大きく異なっていた。そしてサスペンションは2個のボギー式転輪二組を横バネで連結するシーソー式とするなど、その後の日本戦車の代表的な懸架形式を採った。乗員は操縦手と車長兼射撃手の2名。35馬力の直列4気筒ガソリンエンジンを操縦席左側に搭載し、車体後部には大型の扉を設け、外部との連絡やトレーラーの着脱を容易にした。敵側に有効な対戦車兵器を持たない支那事変当初において編成された独立系装甲車中隊は、軽快な機動力を活かし有効な機甲戦力として活躍し、時に戦車代替と同様の攻略任務を与えられた。昭和10年より15年の間に843両が生産され、また後期には最後部の誘導輪を接地させ走行安定生を向上させた。■

Imperial Japanese Army
Light Armored Car
TYPE94"TK"
Finemolds 1/35
Injection-plastic Kit
Modeled and described
by Yoshiyuki YAMAGUCHI

九四式軽装甲車 前期生産型

●作品は2010年に完成。製作ではキットの素性の良さを活かし、とくに手を加えることなく製作している。車両に製作時間がかからなかった分、「昭五式軍衣袴」を着用したのフィギュアをフルスクラッチビルドで再現。装備品も自作するなどそちらに時間をかけている。フィギュアを搭乗させることで車体の大きさが実感できるようになり、小柄な車両のキャラクター性が強調されている。
●ベースも製作。コンパクトな車両だけに面積も少なく、作業に慣れていれば「ひと手間」で再現できる。ベース製作に挑戦するのにも軽車両は良い題材だ。

豆戦車で「力強さ」を表現するヴィネット作品に仕上げる

九四式はファインモールドのキットをストレートに組み立てています。とくに問題もなく組み立てられる好キットです。付属のデカールを使って、昭和12年9月、上海方面の戦車第5大隊を再現しました。八九式中戦車が入れない路地や工兵大隊の架設橋を渡っての追撃戦など当時の雄姿が頭に浮かびます。フィギュアの原型はポリエステルパテで作り、38式歩兵銃や、弾薬盒等はプラ板の積層で自作した物をレジンにて複製しました。内容は、半身像の戦車兵1体と背負い式の背嚢を付けた完全装備の歩兵1体の2体組みになっています。両方とも昭五式軍衣袴を着用しています。中国戦線での『戦・歩共同の追撃戦にて、行く手を阻むクリークを挟んで対峙する敵を見据える』といったイメージで企画し、原型を作りました。体の大きさも当時の平均身長を意識しています。これによって、当時の戦場写真と本誌の写真を見くらべても違和感がなく、日本軍車両の持つ【繊細さ】と【力強さ】が強調できたのでは?と思います。■

九四式軽装甲車[TK] 後期改修型

九四式軽装甲車　後期改修型
ファインモールド　1/35
インジェクションプラスチックキット
発売中　税別3000円
㈱ファインモールド　☎0532-23-6810
製作・文／**斉藤仁孝**

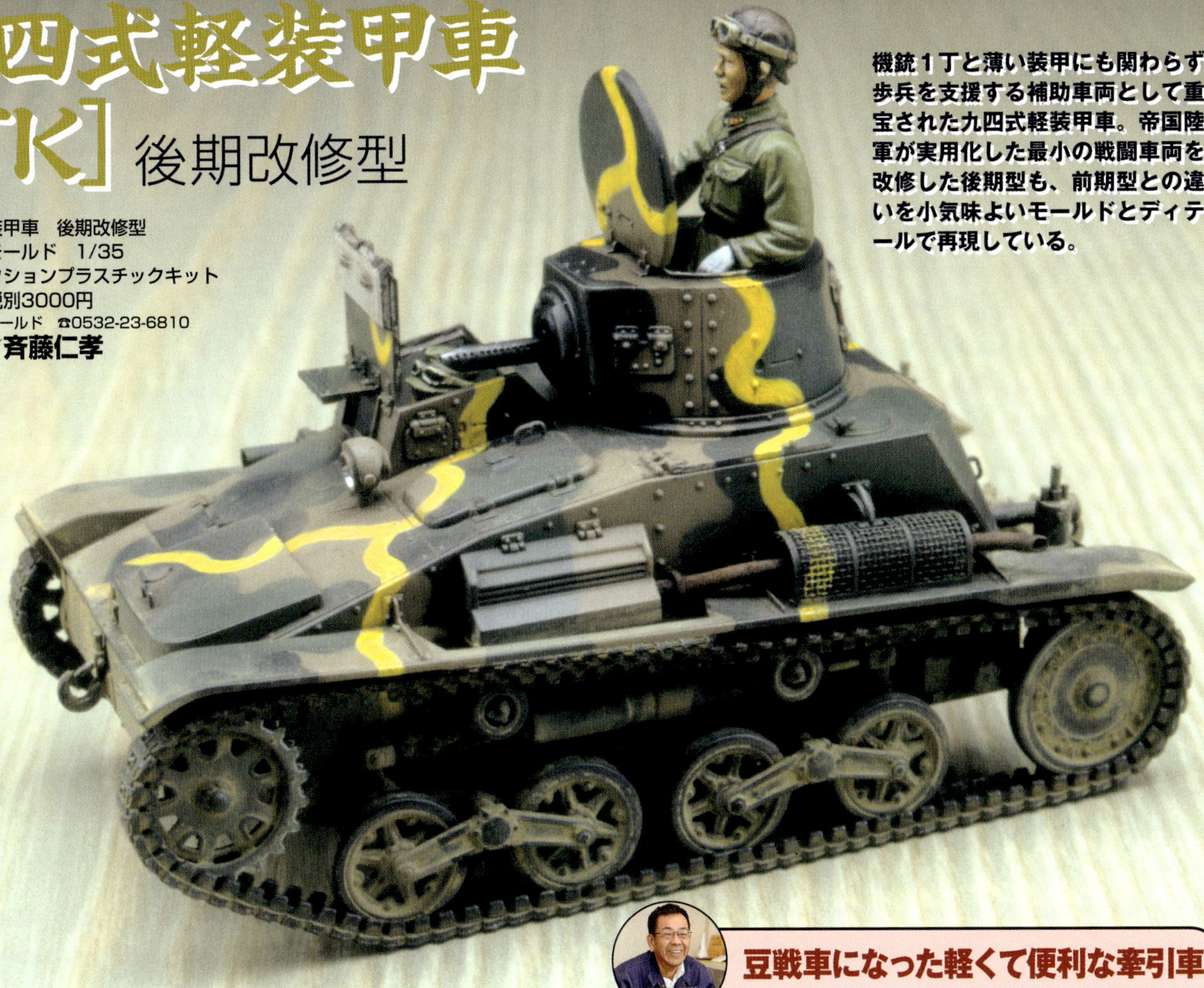

機銃1丁と薄い装甲にも関わらず、歩兵を支援する補助車両として重宝された九四式軽装甲車。帝国陸軍が実用化した最小の戦闘車両を改修した後期型も、前期型との違いを小気味よいモールドとディテールで再現している。

豆戦車になった軽くて便利な牽引車

解説／鈴木邦宏

鈴木　九四式軽装甲車は3トンしかないでしょ。だから中国戦線でクリーク渡る時に便利だったんですよ。ろくな架橋機材がなくても渡せるから。これの欠点は機銃が6.5㎜だから威力がなくて中国軍の7.7㎜のチェコ機銃と撃ち合うと負けるってこと。だから後で大砲も載せたいって37㎜砲を搭載した九七式軽装甲車ができるんですよね。

編集　せっかく戦車なのに機銃しか積んでないのはもったいないですよね。

鈴木　これはね、もともとトレーラー特殊牽引車なんで、戦車じゃないんですよ。でも豆戦車としても使い勝手がいいから使っちゃってたんですよ。戦車って言うのは軍直轄部隊だったんだけど、九四軽装甲車はコストが安いから、一般師団にも配備できたんですよ。独立軽装甲車中隊として配備できたんです。一般師団が唯一使える機甲戦力だったんですね。米軍の歩兵師団にはシャーマンの一個大隊が付いてるんだけどね。

迅速果敢！逸品の和製豆タンク

その小ささから非常に弱そうにみえるかもしれませんが、機銃に装甲付き車体をつけたという、結構バブリー（死語）な車両です。製作したのは前期型に足周りのランナーを一枚追加した後期改修型で、排気管カバーのメッシュやフェンダーのステーなどは前期型と同様にエッチングパーツで再現されています。小さな車体ですが、パーツの合いも問題なく箱の中身だけで満足できる内容となっています。

その大きさから組み立てや塗装はサクサクと進んで行きますので、ちょっとエネルギーがあまり気味に。というわけで、フィギュアを載せちゃいました。使用したのはファインモールド製の「帝国陸軍戦車兵セット」で、大きさ（小ささ）を演出したい場合は比較対象物を用意するのがいちばん効果的なのです。

九二式重装甲車

機動力や物資の運搬を馬にたよっていた日本軍も機械化を進める。そして誕生したのがここで紹介する九二式重装甲車だ。キットはピットロードから前期型と後期型が製品化されている。そのうち後期型を使用した作品をご覧いただこう。

九二式重装甲車（後期型）
ピットロード　1/35
インジェクションプラスチックキット
税別3800円
㈲ピットロード　☎044-865-2460
製作・文／**石橋浩之**

馬に変わる新しい〝軍馬〟の誕生 日本軍歩兵支援戦車史の始まり

解説／きたみ みちお

日本陸軍での戦車運用は創設当初に輜重科が担当したが、ほどなく歩兵科へと移された。これよりしばらくは「歩兵支援兵器である戦車は歩兵の物」という意識が強かったが、偵察や機動戦での迅速な行動に戦車を活用すべく要望は騎兵科からも生まれた。第一次大戦終結後に各国が軍縮化を押し進めるなか、大正14年には将兵3万4000名と軍馬6000頭が削減。とくに騎兵科は不要論まで挙げられた。騎兵科内部でも機械化の推進を計るなか、昭和4年の八九式軽戦車完成時には騎兵科もこれを借り受け運用研究をおこなったのちに、騎兵用の装甲自動車を要望するのである。装輪、全装軌、半装軌それぞれの計画案を審議した結果、全装軌式で機銃・機関砲を装備する設計を昭和6年に採用した。仮想敵国であるソ連に対峙するべく、中国大陸やシベリアでの起伏に富んだ地形を戦場と予想した事が装軌式車両を求めた結果である。実質上は軽戦車でありながら、騎兵科の装甲自動車隊用として開発されたために九二式装甲自動車と名付けたが、実際は当時戦車を管轄していた歩兵科からの異議を予想し避ける理由があった。昭和10年5月には九二式重装甲車と改称された。

砲塔に6・5㎜機関銃を、車体前面に長砲身の13㎜機関砲を突出させる特異な形状を持つ車体は溶接構造。リベット接合の八九式中戦車から一転した新機軸の採用は、まだ当時としては異例であった。13㎜機関砲はフランス・ホッチキス社製重機関銃を国産化したものである。乗員3名、騎兵が運用することから何よりも速度を重視すべく車体重量は3tと軽量化を図り、エンジンはアメリカ・フランクリン空冷直列6気筒ガソリンエンジンを輸入、後にライセンス生産して搭載。出力67馬力で最高速度は八九式の25㎞／hを大きく上回る40㎞／hに達した。少数の生産ながらもその転輪配置を4輪、6輪、大型4輪と変遷させながら昭和14年までに167両が作られた。快速性を評価されながらも、わずか6㎜の装甲は被害も多くまた武装の火力不足も指摘されたことから、より有用な軽戦車が望まれ九五式軽戦車の開発へと進んだ。■

戦史のなかの興味深い場面を再現してみる

1939年5月28日、国境を越えたブイコフ中尉率いるソ・モ軍を、関東軍の国境処理要綱に基づき包囲殲滅せんと第23師団は東捜索隊と歩兵第64連隊の1個大隊を派遣しました。東捜索隊はハルハ川とホルステイン川の合流点に退路遮断のため進出、本隊が圧迫した敵を包囲する役目でした。28日早朝に捜索隊はソ・モ軍背後に到達、ブイコフがFAI装甲車で偵察に来たとき捜索隊の九二式装甲車と歩兵に襲撃されブイコフは装甲車を放棄し逃走します。東捜索隊は捕獲した装甲車からソ・モ軍の部隊配置を描いた作戦地図を捕獲しました。その後日本軍は敵情に見誤りや連絡不備などで当初予定した包囲殲滅を断念、捜索隊は逆にソ・モ軍に包囲され全滅に到りました。

92式重装甲車は今回のノモンハンや初期の日本軍の戦いに欠かせない車両なのでプラスチックキットとして登場したことは大変嬉しいことです。組み立ては問題なく非常に小型の車両ながら特長的な形状がよく再現されています。履帯は軟質プラ製で垂れ下がりの表現は真ちゅう線を車体側から突き出して押さえる方法で再現しました。対空機銃架は一般的な形状と違っていたので改造しましたが、実車がほぼ手作りで記録写真を見てもキットのようなタイプも見受けられるので無理に改造する必要はないかもしれません。塗装は最初に黄色を吹いて帯部分をマスキングし迷彩色を塗っていきました。各迷彩色は目前で調色しました。マーキングは不明なのと受け取ったキットがサンプルだったためデカールが入っていなかったので今回は入れませんでした。記録写真を見ると捜索隊の装甲車は車体側面にひらがな一文字が描かれているようです。

FAI装甲車はマケット製です。すでに絶版ですが、現在はMSDブランドで発売されています。こちらは組み立てに多少手間がかかりますが、唯一のキットなのでまたどこかから発売されるのを期待したいものです。ドアを開けたため車内の座席などを自作、ドアの内側はキットパーツを薄く削りディテールを追加しました。また、フックやバンパーも金属で自作。こちらもマーキングなどは不明なので何もつけていません。

ベースは紙粘土に「スタッフ」と表記のある繊維状の物を植え込んでいます。草の塗装は元の材質の透明感を生かすためにアクリル絵の具で塗装しました。歩兵は月刊アーマーモデリング2009年12月号付属の92式重機のフィギュアとマスターボックスのフィギアの合成です。マスターボックスの歩兵は躍動感あふれる造形ですが上着が開襟なので今回は上半身を差し替えました。九二式付属の兵隊は貴重な日本軍歩兵なのでこれからもいろいろと使えそうです。

状況はブイコフの装甲車を捜索していた歩兵が地図を発見し九二式重装甲車の士官によろこび勇んで届ける状況をイメージしてみました。ノモンハン戦はまだまだ興味ある場面が多いので題材として魅力的だと思います。■

九二式重装甲車

●作品は2010年2月に製作。ダイオラマには主役である九二式重装甲車のほかにロシアの模型メーカー、マケットの「ソ蓮軍FAI装甲車」(じつはこちらの方が制作時間をかなり使っている)を廃棄された状態で登場させることで、日本軍将兵の奮闘ぶりを表現している。また塗装では真っ直ぐに伸びた黄帯にも注目。実際にこのようなケースもあったようだ。

九二式重装甲車(後期型)

3

1

4

2

1 対空機銃架はキットパーツを短く詰め、上部の取り付け基部をプラ板に置き換え全体的に短くした。
2 フェンダー上のワイヤーロープはステンレスワイヤーを丸めたものに以前使ってしまったエッチングパーツのランナー部分を加工して取り付け架を製作した。
3 履帯は軟質素材製のベルト式なので、車体内側から真ちゅう線を突き出し、垂れ下がりを再現するための押さえを作った。
4 履帯の押さえは上部転輪のすぐ前後と中間部分で抑えると重量感が出てよいと思う。今回、ヴィネット仕立てにするということもあり、下部転輪が付くボギーの軸に真ちゅう線を通して可動式にしている。

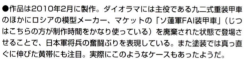

上陸作戦に特化した海軍所属の水陸両用車

解説／きたみ みちお

本車は海軍が昭和18年（1942年）に採用し、陸戦隊に配属された水陸両用戦闘車両である。海軍ではそれまで陸戦隊の装甲戦闘車両として各種装甲自動車のほかに陸軍の戦車を用いてきたが、上陸作戦で機敏に展開できる水陸両用の戦闘車両を有してはいなかった。基本車体の前後に船型のフロートを付け輸送船から発進、海上航行し上陸を果たした後はフロートを放棄し戦車として行動することを目的とし、陸軍技術本部の指導を仰ぎ九五式軽戦車をベースとした開発を行なった。〝内火艇（うちびてい）〟とは大型艦船に搭載するエンジン付の小型船の事で、本車は海軍の艦籍名簿にも記載され〝隻〟で数えられた。

車体は全面的に溶接構造とし装甲厚は前面12㎜、側／後面10㎜、上／下面6㎜、ハッチ部分にゴムシールを施し水密化を図った。二式軽戦車と同型の砲塔に武装も同じ一式37㎜戦車砲を搭載したが、これは同じ口径である九五式軽戦車の搭載砲よりも強力であった。九七式7・7㎜車載機銃を車体前面と主砲防盾同軸とに搭載した。エンジンは九五式軽戦車と同じ物を使用し、変速／操向装置も同じだが動力伝達を起動輪または車体後部のスクリュー2個に切り替える分配機を有した。サスペンションも九五式軽戦車と同じシーソー式を用いたが、水密性と防弾効果を考慮しその機構は車体内部に収められた。また重量増対策として最後尾の誘導輪を接地させている。

水上走行時には舟形のフロート（浮き）を車体前後に取り付け浮力と推進性を増し、上陸後にはこれを展望塔や換気塔と共に外し機動性を高めるようになっていたのが外見的特徴である。洋上航行速度は9．5㎞／h、地上速度は37㎞／hを出した。前部フロートには一体式の前期型と左右分割式の後期型があった。終戦までに180両が作られ、南方の島嶼にて陸戦隊に供されたが主に防衛用とされた。サイパン島、ルソン島では戦闘を交えている。実際の上陸作戦への参加は昭和19年暮れのフィリピン／レイテ島の戦いで米軍上陸後のオルモックに逆上陸を果たしている。

特二式内火艇［カミ］

サイバーホビーがWWⅡのドイツ軍AFVで培ってきた技術を惜しみなく投入した日本海軍の特二式内火艇 カミ。同社がスマートキットシリーズで得意とするプロポーションの良さと溶接痕などの細部ディテールの追求など、傑作キットと呼ぶに相応しい内容となっている。

WW.II 日本海軍 水陸両用戦車　特二式内火艇 カミ　海上浮航形態
（後期型フロート付き）
サイバーホビー　1/35
インジェクションプラスチックキット
税別5700円
㈲プラッツ　☎054-345-2047
製作・文／**祝 太郎**

特二式内火艇［カミ］

●日本海軍 水陸両用戦車 特二式内火艇 カミ 海上浮航形態（後期型フロート付き）は先に発売された「日本海軍 水陸両用戦車 特二式内火艇 カミ（陸戦型）」にフロート、監視塔、吸排気口が付属したバリエーションキット。車両の存在すらあまり広く知られていないにもかかわらず、詳細なリサーチに裏付けられたディテールとフロートの機構まで再現されており、資料的価値も付随したキットでもある。フロートが付いて大きく変化した船のようなシルエットも見どころだ。

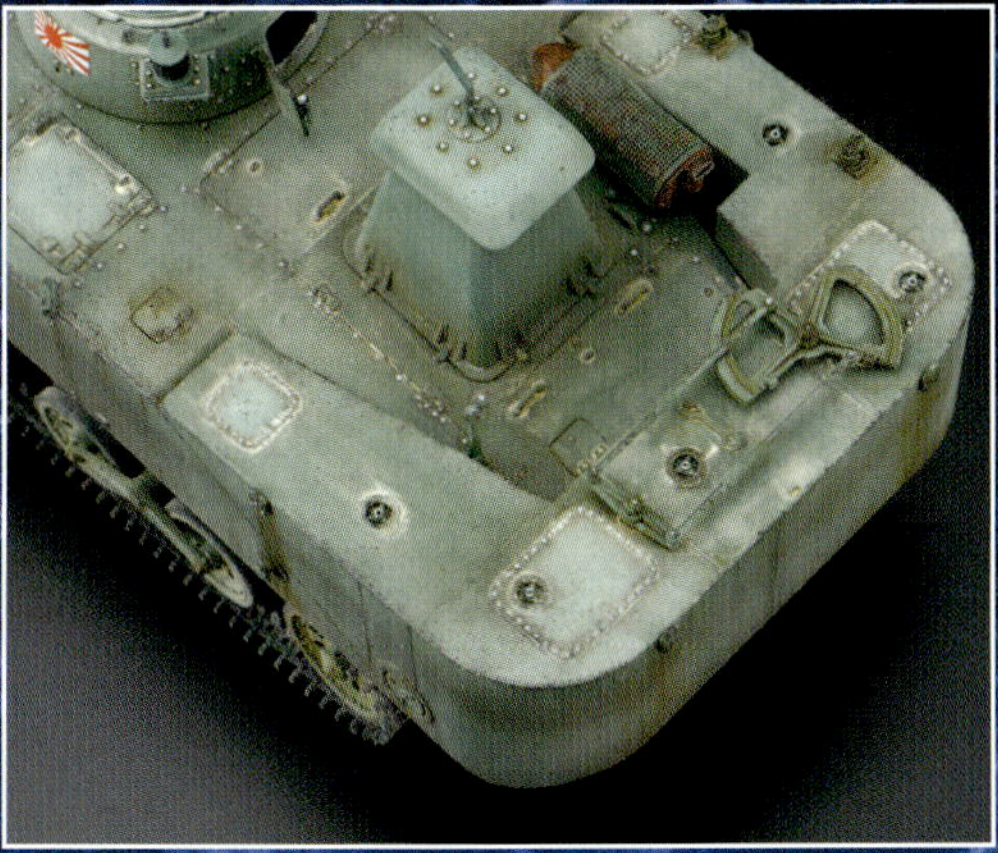

艦船を意識した塗装

キットはとても組みやすく、部品数も少なくスラスラ組み上がり、週末モデラーさんにはもってこいなキットです。車体の大まかなパーツがほとんどで、初心者でもとても作りやすいと思います。もちろんフロート付きで製作できますが、外した状態でも製作できますので、ヴィネットやダイオラマのアイデアも多々広がりますね。気にならない程度ですが車体の前部のフロート部分がストレート組みだと若干スキマができるので注意します。私はまったくストレート組みでも気にならないので、手を入れていません。ほかの注意点は、足周り後部サスペンションのパーツA10・A25番は接着せず、履帯を巻く際にテンションの調整をしながら最後に接着してやると、ガタつきなくキッチリ水平が保てます。履帯は軟質素材の物が付属していて、センターガイドの肉抜き穴まで再現されています。別売りでマジックトラックと呼ばれる連結式履帯もありますので自重による垂れ下がりなどをリアルに再現したい方にはオススメです。砲塔内部も少なからず精密に見えるようにおもなパーツは再現されていますので、さらに追加工作をするのも楽しいかと思います。全ハッチオープンも雰囲気が増すと同時に、モデラーの腕の見せ所になると思います。塗装に関してですが、考証的にもグリーン色に塗られた車体は謎が多く、判読されてはいないようですが、すばらしいボックスアート同様グリーン色に塗装しました。日本軍のグリーンのイメージはとても想像できないのですが、戦中後半に塗られた空母などを参考に塗料を調合しました。カミ車前期型はグレーで塗られたようですので、グレーがかったグリーンが最も自分のイメージに近いので調合してみました。Mrカラー11番ガルグレーを基本に、60番RLM02グレー、31番海軍色1を彩度と明度を調合して、MrカラーGX6番モウリーグリーンでグラデーション調合してます。ハッチやリベットなどは、ファレホアクリル・ライトイタリアンタンカー・ペールブルーで明るく塗装してから、ウェザリングしています。ウェザリングは、船体を意識しながらのイメージ塗りですが、水垢や赤錆を取り入れながら、戦車特有な汚しと混合して仕上げています。ウェザリングはファレホアクリルと、油彩で行なっています。ファレホアクリルは、バフ・イラクサンド・タンアース・フラットアース、油彩はローアンバー・バンダイクブラウン・オリーブグリーン・トランスペアレントブラウン・バーントシェンナを使用。船体特有のウェザリングを取り入れながら汚しに挑戦するのに相応しいキットになっていますので、ぜひそのような表現も試してみてはいかがでしょうか? ■

日本陸軍一式砲戦車
タミヤ　1/35
インジェクションプラスチックキット
税別2000円
㈲タミヤ　☎054-283-0003
製作・文／**住友たかひろ**

一式砲戦車

夜に入りて、サンタフェから壕のところまで登り連続して砲撃を行ない、さっと引き揚げにかかった。不意打ちに慌てた米軍は、遅れながら長距離砲で反撃してきたが弾着に乱れがあり何事もなくサンタフェに戻った。（中略）連続射撃をした自走砲の砲身は加熱され、かすかに赤く夜空に伸びてじつに頼もしかった（朝井博一著『自走砲と初年兵』より）。昭和20年３月フィリピン・ルソン島で戦った機動砲兵第２連隊の一式自走砲の情景を住友たかひろ氏が再現

日本軍Q＆A～自走砲編～　解説／鈴木邦宏

Q：一式自走砲が実戦に投入されたのはどこで、どんな部隊に配属されていたのですか？
A：昭和20年１月から始まったフィリピン・ルソン島の戦いです。戦車第２師団隷下の第２機動砲兵連隊に４門の一式自走砲が配属されて戦いました。
Q：間接支援射撃をする際に、弾着修正等の指揮統制はどのようにしていたのでしょうか？　観測手から有線／無線電話が各車につながっていた？
A：基本的に野砲の運用と同じです。前線の着弾観測手から中隊本部まで有線電話がつながり、各砲までは伝令が行きます。それぞれの自走砲まで電話でつながっていたということはないでしょうね。
Q：間接射撃の場合に車長はどこで指揮するのでしょうか。車内？　車外？
A：車内で指揮します。
Q：ルソン島の戦いでは一日に１０００発も撃ったということですが、砲弾補給はどうしてたのでしょうか？　弾薬車（機動野砲のリンバー）を牽引してたのでしょうか？
A：もちろんトラックで行なっていました。
Q：トラックは砲兵連隊に配属されていたのでしょうか？　それとも輜重部隊に配属？
A：もちろん各連隊に配属されていました。そうじゃないと補給ができないですから。
Q：自走砲中隊の指揮車両は４輪駆動車？
A：そうですね。機動野砲部隊では４輪駆動車やトラックも指揮官用車両として使われていますね。

対戦車戦闘が考慮された和製突撃砲とその系譜

解説／きたみみちお

制式名称は「一式七糎（センチ）半自走砲（秘匿名称ホニ（Ⅰ））」とされ、開発時には野戦砲兵学校で運用試験が行なわれた「大砲」であった。野砲としては比較的初速が速く、対戦車目標にも有用とされた口径75㎜の九〇式野砲を九七式中戦車の車台に搭載することで、機動力の向上を試みた。昭和14年（'39年）10月より開発が始まるも、試製砲が完成するのは16年5月となる。翌月に試作車が完成し10月より運用試験を開始した。試験では対戦車戦を意識した歩兵直協車両、例えばドイツの突撃砲と同様の運用構想が持ち上がったのか、装甲は防盾25㎜に25㎜の追加装甲を付して合計50㎜に、車台前面も既存25㎜に25㎜の増加装甲により戦車以上の装甲が施されることとなる。対戦車砲とした本砲の装甲貫徹能力は一式徹甲弾を使用し射距離1000mで約70㎜、500mで約80㎜、タングステン・クロム鋼弾の「特甲」を使用した場合は1000mで約85㎜、500mで約100㎜となった。口径100㎜の九一式十糎榴弾砲を搭載した一式十糎自走砲（秘匿名称ホニⅡ）とともに昭和18年11月より量産され、併せて138両が作られたと言われる。

戦局が悪くなった昭和20年1月に、両車計12両で編成された独立自走砲大隊がフィリピンに向かうものの、上陸前に輸送戦後と撃沈され装備すべてと人員の半数を失った。これとは別に大半の装備をルソン島に揚陸させた戦車第二師団の機動砲兵第二連隊では、4両の七糎半自走砲が後のフィリピン防衛戦で奮闘した。

末期の戦車連隊に配備された七糎半自走砲の一部は砲戦車中隊に所属した車両もあったと言われている。自走砲中隊の十糎自走砲と区別するためか、その隊内では本車を便宜上「砲戦車」と呼んだとも言われる。同じ九〇式野砲を改修し三式七糎半戦車砲として、同じく九七式中戦車の車台に密閉式戦闘室を組み合わせ搭載したのが三式砲戦車（ホニⅢ）。一式中戦車の車台に大型の回転砲塔を組み合わせ搭載したのが三式中戦車［チヌ］である。

I.J.A. TYPE1 75mm SELF PROPELLED GUN
TAMIYA 1/35
injection-plastic kit
Modeled and described by Takahiro SUMITOMO

●昭和19年のサイパン陥落後、日本陸海軍は次の決戦場はフィリピンになると予測し、多くの部隊をフィリピンに投入した。フィリピン決戦の機動打撃力として期待されたのが、満州から転進してきた精鋭、戦車第2師団であった。師団隷下の機動砲兵第2連隊には、4門の一式7.5cm自走砲があった。昭和20年1月に米軍がルソン島に上陸、第2師団は激しい戦いを繰り広げた。自走砲部隊は秘匿陣地を多数用意して米軍部隊を引き寄せ、ヒットエンドラン戦法で米軍歩兵、戦車部隊に損害を与えた。第2師団の戦車が大部分失われ、機動砲兵連隊も自走砲4門と野砲数門を残すのみとなった3月には、サラクサク峠において以後3カ月に及ぶ激烈な戦闘が繰り広げられた。3月31日の夜間戦闘において、一式自走砲4門、90式野砲2門、15cm榴弾砲3門による射撃は1000発という、じつに師団保有弾薬の6割に上る量を記録している。その後も自走砲は戦闘を続け、6月3日に最後の自走砲が失われるまで、6カ月に及ぶ戦いを繰り広げた。現在、アバディーン戦車博物館に展示されている一式自走砲は、この4門のうちの1門である。

1一式自走砲はフェンダーを薄く削った以外、ベルト式履帯を含めてタミヤのキットをストレート組み。古いキットではあるがカッチリと組みあがり、現行のキットにも負けていない。2 3㎜径の木材を組んだあと隙間をスチレンボードで埋めていった。木材は目止めのためサーフェイサーを吹いている。ウッドフォルモを全体に盛りつける。上から土を敷き詰めるので紙粘土などでも代用できる。下から穴を開けてボルトをとおしている。車両内部にはプラスチック製の六角ボルトを仕込んでいる。金属ではなくプラスチック製なので、プラ用接着剤でキットに直接固定できる。 3植木用の土を敷いて、水溶き木工用ボンドを染み込ませて丸一日乾燥させた。わだちの部分は霧吹きで水を吹いてから、キットの履帯とマイナスドライバーで跡をつけていった。 4 5ヤシの木の幹はプラ丸棒をコンロであぶって曲げて、ほぐしたタコ糸を巻きつけている。接着はゼリー状瞬間接着剤で固定。ヤシの葉は「紙創り」の製品を使用。手軽に短時間でヤシの葉を作ることができるので費用対効果は抜群だ。 6キット付属のフィギュア2体とファインモールドのフィギュアを、腕や足を小改造して使用している。デザインナイフで襟やそで口を彫りこむだけで立体感が出て、塗装作業も楽になる

ルソン島サラクサク峠の砲撃戦を再現

今回は一式自走砲の唯一の実戦である、フィリピン・ルソン島での砲撃シーンを再現しました。熱帯のジャングルを初めて作りましたが、熱帯雨林のイメージがなかなかつかめず、インターネットで調べたりしました。土台はスチレンボードで地形を作り、ウッドフォルモを盛って植木の土を敷き詰めて、水溶き木工用ボンドで固定しています。木の根の細い部分を地面に貼りつけ、水槽用の小石を押し付けて埋めていきました。わだち部分は霧吹きで水を多めに撒き、キットのベルト履帯を何度も押しつけ、さらにマイナスドライバーで跡をつけました。熱帯雨林の植物を再現するにはこれしかないと、紙創りのジャングルパックA～Cを使用しました。葉脈なども表現されており、また加工が容易にできるためかなり活躍してくれました。ただそれだけでは量が少なかったのでドライフラワーも植えています。ヤシの木はプラ棒を火であぶって曲げたものにほぐしたタコ糸を巻きつけて、瞬間接着剤で固定して製作しました。土止めの柵は100円ショップで買ってきた3㎜の木材をランダムに切断して組み合わせています。アンテナに使ったという竹竿はプラ棒を削って再現しました（スケール的に少し太すぎました）。車体の塗装はガイアノーツのドゥンケルゲルプ(2)をベースに吹き、迷彩については モデルマスターのダークグリーンとファレホのフラットブラウンを筆塗りしました。フィルタリングには油絵の具のモノクロームチントクール（ホルベイン）を使っています。フィギュアはキット付属の2体と、指示する砲班長と砲弾を渡す兵はファインモールド製を小改造して使用しました。

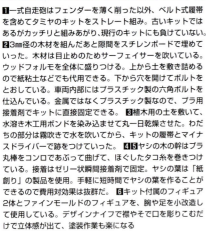

お題はコレ！
「〈限定版〉レジンキャスト製
1/35 戦車長ヘッド入
1/35 日本陸軍戦車兵2体セット」
（1/35 発売中 税別1800円）
●モデルカステン ㈱モデルカステン
☎03-6820-7000

戦車兵を塗装してみよう

フィギュアの塗装ガイド

製作・文／小只理太

外国の戦車と比べ、日本軍戦車は比較的小柄。それなら特徴的な迷彩やマーキングで存在感をアピールするのもいいが、フィギュアも日本軍戦車をより魅力的に演出できる方法のひとつ。ここではファレホアクリル塗料を使ったカッコイイ日本軍戦車兵の塗装法をご紹介しよう。

下準備①持ち手と下処理

▼定着力の低い水性アクリル塗料を使うので下地のサーフェイサーは必須。

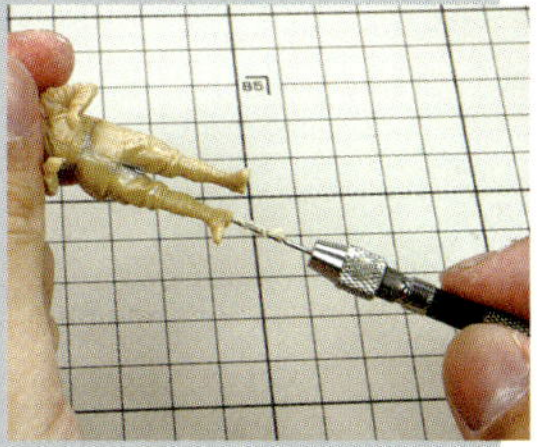

●まず塗装に入る前に持ち手を付けることから始める。これはフィギュア塗装は皮脂が付くとツヤが出てしまうので対象物を直接手で触れないためと、筆の運びを確実にするためだ。

下準備②湿式パレット

▶湿式パレットは簡単に自作可能。トレーにキッチンペーパーと水を張る。

◀クッキングシートを乗せれば完成。シートはつねに水分を含む状態に。

●多数の色を頻繁に使用する水性アクリル塗料はつねに潤った状態を保ちたい。湿式パレットを使うと通常のパレットより塗料が乾きにくいという利点がある。

顔の使用塗料

ヘッドの塗装には画像の塗料を使用。左側の黒と白と赤は目の塗装に使う。日本人っぽさは造形で表現できるがシャドウに茶系を入れるとより日本人らしくなる。

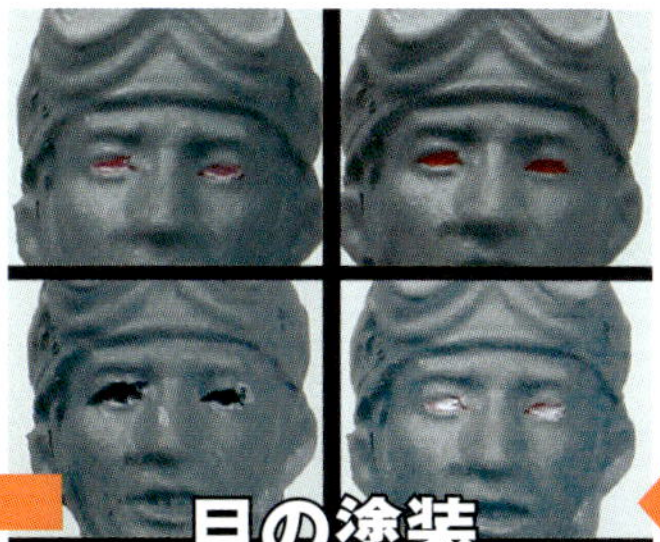

目の塗装

目はまず赤で下地を塗り、その上に白目を塗り、黒目、アイラインをアイフィニッシャーを使って描き込む。目の塗装は大変だが、目の形が描けているだけで雰囲気が増す。

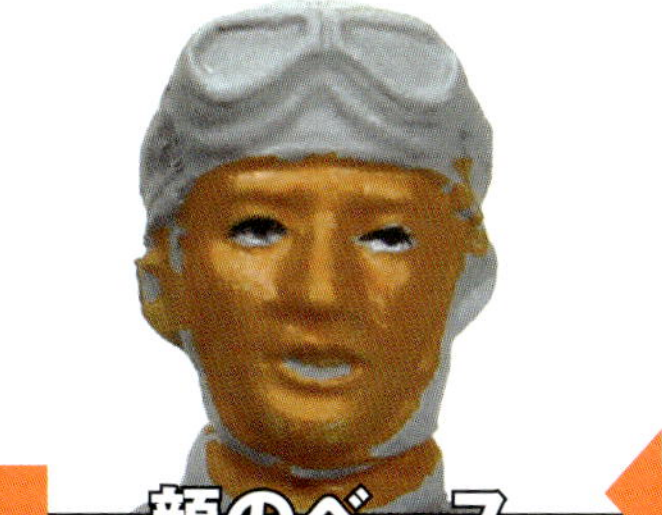

顔のベース

ベースを塗る際はほんの少し希釈した塗料を2回塗りする。目の塗装のはみ出しもこの時点で塗りつぶして修正。使用したのはパンツァーエースの341フレッシュベース。

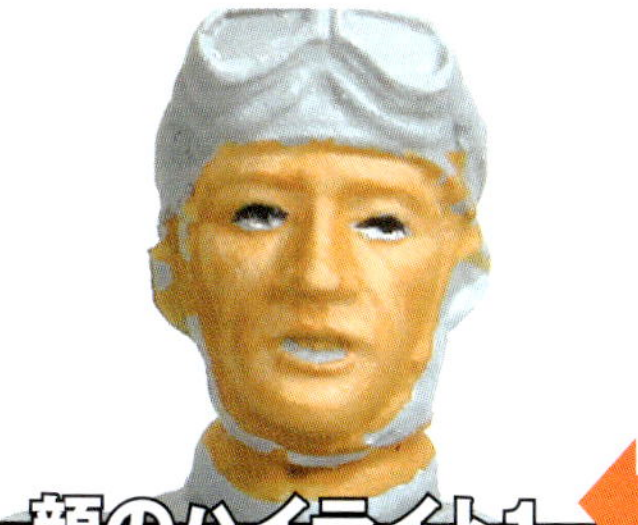

顔のハイライト1

ベース色に342ハイライトフレッシュを混ぜ、ベース色より希釈したものを数段階作り、光の当たるところに塗っていく。鼻筋は額、頬の上などを狙って筆を置いていく。

顔のハイライト2

塗る面積は明るくなるにつれ狭くする。前段階で塗った面積よりも広い面積にハイライトを入れると、途端にグラデーションが破綻してしまうので注意する。

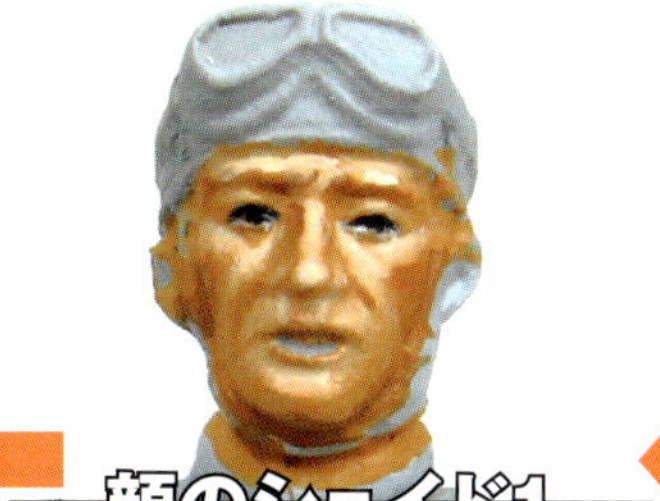

顔のシェイド1

ベース色に343シェイドフレッシュを混ぜてかなり希釈したものを影となる部分に塗る。少しずつ染めるような感じで重ねていくと綺麗なグラデーションになる。

顔のシェイド2

シェイド色の比率を高めた色でほうれい線や眉の下などを塗る。若い人物や女性はあまり描かないほうが良い。塗りすぎたらベース色やハイライト色で修正しておく。

細いラインに最適！

アイフィニッシャーやフェイスフィニッシャーは細い線や点が描きやすく目や眉、唇やヒゲが描きやすい。フェイスフィニッシャーは平筆になっているので万能に使える。

服のベース

ファレホの日本軍軍服色は黄色すぎるので、カーキやダークグリーンを少し混ぜるとちょうどいいと。濃度は顔のベース色と同じく少し薄めた程度で塗っていく。

服のハイライト

ベース色に白を混ぜ、薄めた色を塗り重ねる。ライトを上から当て、陰影を確認しながら塗料を置いていく場所を決める。顔同様、徐々に塗る面積を狭くしていくとグラデーションになる。

服のシェイド

ベース色に黒を混ぜてかなり薄めた色を塗り重ねる。紫などの補色を使ってもいいが、今回はシンプルに白と黒で陰影色を作っている。最後に縫い目を描きこみ、服の塗装は完了。

各部の塗り分け

軍服の塗装が終わったら革や雑嚢など装備品を塗り分ける。弱いファレホの塗膜はバーニッシュを吹くことで塗膜を保護できる。最後に革を半ツヤにし、金具部分をシルバーで塗って完成。

こちらもお忘れなく！

●モデルカステン
㈲モデルカステン

◀帝国陸軍戦車長 feat.中村 桜フィギュア
(1/35 通販限定商品 税別2800円)
モデルカステンからは帝国陸軍戦車長 feat.中村 桜フィギュアも発売中。中村桜さんの姿をもとに製作され、帝国陸軍戦車のキューポラにぴったりフィットするポーズだ。

(製作／小只 理太)

▶帝國陸軍中村櫻戦車長＆八九式戦車フォトブック
(通販限定商品 税別1000円)

◀帝国陸軍戦車兵の軍装をていねいに解説、中村 桜さんが陸上自衛隊土浦駐屯地での取材模様を豪華43枚のグラビアを中心にまとめたブックレット。八九式中戦車のディテール資料にフィギュアの塗装解説も収録。

●日本兵のフィギュアはときに貧弱な体型で造形されることが多いが、竹一郎氏製作のフィギュアは精悍な造形を楽しむことができる。小さな日本軍車両には引き締め役としてぜひ使っていただきたい。造形もシャープでハイライト、シェイドといったこまかな筆も入れやすいのでオススメだ。

透過性を活かした陰影表現

日本軍戦車兵をファレホアクリルで塗装してみました。ファレホのパンツァーエースに日本軍の軍服色はあるのですが、色味が黄色すぎる気がしたのでカーキやオリーブグリーンを混ぜています。また将校はオーダーメイドでより緑が強い色が流行っていたので緑色を強くすると良いでしょう。陰影色はうるさくならないようシンプルに白や黒を足して調色しています。日本人の肌の色は欧米人を塗る際のシャドウ色に茶色を足すと良い感じになると思います。

ファレホの濃度はベース色を塗る際は原液を少し薄めた程度、ハイライト色は下の色が少し透けるぐらいの濃度、シャドウ色はかなり薄めた濃度が良いと思います。日本軍装備の革は無着色が基本で使用していくうちに肌色っぽい色から黒ずんでくるので今回はブラウン系で塗りました。ハイライトにはオレンジ色が入ったようなライトブラウンを使ってます。また戦車帽の部分は材質がちがうのでやや明るめに塗ると良いでしょう。階級章は兵卒は赤字に黄色い星、下士官以上は赤字に黄色い線で星は銀、将校はフチに金のモールがつきます。

ファレホは塗膜が弱いので塗り終わったらマットバーニッシュを吹いて保護します。最後に革など艶があるところにサテンバーニッシュを塗り、金属の部分をメタリック色で塗って完成です。■

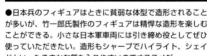

軍装資料集

日本軍戦車を作ろうと思ったとき戦車はともかく、周囲に配置する日本軍将兵の色がさっぱりわからないということが多い。そこでここでは日本戦車兵の基本的軍装を実物を使ってご紹介。

協力／陸上自衛隊武器学校
目羅嘉也　平井篤則　堀 直樹
解説／古田和豊

模型の参考になることを前提にした軍装の再現

近年の模型業界では日本軍戦車のキットと情報は充実してきましたが、日本軍将兵の軍装に関しての具体的な資料はまだまだ少ないようです。そこで今回は、日本軍の模型製作を前提に、実物軍装を利用した模型にも使える情報を紹介したいと思います。よく「実物は退色しているので参考にはならない」などと言われますが、必ずしもそのようなことはありません。今回はとくに製造当時や使用当時の色彩が良く保たれているものを中心に、現代の複製品も利用して当時の軍装を色彩面からも再現してみました。戦場ではこれらにさらに激しい退色と土埃、汗や油汚れ、補修が加わったものだったと思われます。模型製作の参考になるようにMrカラーの番号で比較的近いであろう色を可能な限り指定してみましたので、（例：C41）参考にしていただけると幸いです。

◀ポーズを決めた将校。将校の被服は兵下士官とは生地質から異なるためシワの様子などもまた異なる様子がわかるだろう。例は夏衣袴だが、冬衣袴の場合はもう少し生地が厚手になるのでシワも大きなうねりのものになる。腰周りは拳銃（C41）、同帯革と予備弾入（C41）、将校用水筒（C54）、図嚢（C41）、胴締（C54）、軍刀を装着している。他には双眼鏡（C41）を持つことが多い。水筒以外の形状は好みや用途によって異なった物を用いていた。将校の装備品の金具部分は真ちゅうにクロム、ニッケルメッキを施したものが多く、銀色（C8）で塗るとよい。

九八式将校軍装

昭和十三年制（九八式）の夏衣袴（C54）に略帽（C54）、巻脚絆（C23）、編上靴（C41）を装備した将校。本来必要な刀緒や襟カラーは使用せず、ホックを外すなど荒っぽい着こなしをした野戦将校といったところだろう。戦車搭乗員には戦車眼鏡と戦車帽が貸与されるが、他に歩兵部隊の将校との差異は無い。例のような戦車帽を装備しない姿も、装甲車搭乗員を中心に見受けられる。脚部は戦車兵を含む歩兵科将校の制式の姿である巻脚絆を装着しており、必ずしも革脚絆や長靴を着用しなくても許容されていた。また、紐（C39）を前面で交差させた「戦闘巻」と呼ばれる解けにくい結び方をしている。軍刀は通常の日本刀の柄を交換するなどして改造した「略式軍刀」と呼ばれるもので、これにもさまざまな形態があった。鞘は野戦用に茶褐色の革カバー（C41）で覆われている。刀を吊るす下緒は革製ではなく鎖で出来たグルメット（C8）を用いており、これは本来騎兵だけに認められていたが、昭和15年の兵科区分廃止以降は全軍に普及したといわれる。

昭五式軍衣袴

戦車兵の全周。軍衣のシワの様子もいくつかのカットから相関関係を掴んでもらえると思うが、肩、背中、肘、などがシワの始点になっている様子が良くわかる。ボリューム感などにも注目したい。写真ではキューポラの縁を掴んでいるが、元陸軍少年戦車兵、吉留一利氏の証言にあった「戦車兵は必ず軍手（C62）をする」というのも納得する熱さだった。ディテールがみっちり詰まっている戦車帽も詳細に理解できるだろう。

八九式中戦車にベストマッチな軍装

昭和十二年ごろの被服と色相について。昭五式軍衣袴や巻脚絆は褐色（C39）が近い。巻脚絆の締紐は明褐色（C21）の綿製。襟章は兵科章で多くの戦車兵は歩兵科なので緋色（C3）。騎兵科であれば萌黄色（C6）。肩章は階級章で緋色地（C3）に黄色布の星ふたつ（C4）は一等兵である。襟布は白色（C62）。本例で袖から覗く襦袢（C304）は部隊の委任経理による買上品や慰問品の例であるが、本来の官給品の襦袢の袖は短く、通常袖口からははみ出さない。各装備の素材感にも注目したい。革装備は上等な牛革製で、殆どは表革製だが編上靴は裏革製である。巻脚絆の巻き終わり位置は両側面に来るはずだが野戦ではほとんど無視され、こうした戦地帰りの兵隊の姿は「戦地ボケ」と揶揄されたという。

九八式軍衣袴

第二次大戦を戦い抜いた日本陸軍の標準軍装

「九八式軍衣袴（夏衣袴）」の紹介です。この被服は九八式（皇紀2598年＝昭和13年）の名が示すとおり昭和13年6月制定で、支那事変の戦訓等も考慮した新型の被服として以後終戦まで戦車兵を含めた陸軍全体で広く用いられた物です。昭五式からの改良点として、記章形式の変更や、衣は立襟から折襟になり腰部にふたつのポケットが追加され、袴は長袴と短袴の二種類あったものが短袴のみに統一されたことがあげられます。

ここで紹介の夏衣袴は夏季を中心に南方でも用いられ、南方用の「防暑衣袴」も同じ生地でしたので、服の質感や皺の様子は南方戦線のフィギュア製作の参考にもなると思います。今回の例は教科書的に支給品をできる限り装備した姿ですが、戦車兵は装備品を車内に置くことが認められており、とくに実戦では軽装な姿が見られます。

色合いについては、夏衣袴は緑褐色（C304）、巻脚半は昭和１５年ごろの明緑褐色（C23）、編上靴や拳銃入れの革部分は例はかなり使い込まれているがレッドブラウン（C41）あたりが適当だろう。腰周りには「三十年式銃剣」「雑嚢」「昭五式水筒伊号」「十四年式拳銃」を装備。拳銃を装備する場合、水筒の定位置は左腰になるので注意したい。これだけの装備でも乗車時はかなり邪魔になり、とくに銃剣は厄介だったようだ。腰に挟んだ見慣れない手袋は「運転用手袋」で、これは本体が褐色（C41）の革製、長く伸びた袖部分は緑褐色（C304）の布でできていた。

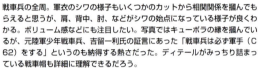

帝国陸軍 一式中戦車[チヘ]
ファインモールド　1/35
インジェクションプラスチックキット
発売中　税別3800円
㈳ファインモールド　☎0532-23-6810

製作・文／**吉田 伊知郎**

Imperial Japanse Army Medium Tank
Type1 "CHI-HE"
Finemolds 1/35
Injection-plastic kit
Modeled and discribed by Ichiro YOSHIDA

戦車は歩兵のサポート的役割から次第に対戦車戦闘を主眼とした開発に移行していき、日本軍戦車がたどり着いたその答えのひとつがこの一式中戦車「チヘ」だ。しかしこの九七式の後継戦車は戦局が苦しくなる中、開発が遅くれてしまい、その能力を試すこと無く終戦を迎えてしまった。

一式中戦車［チヘ］

九七式の正常進化型戦車「チヘ」

解説／きたみ みちお

敵歩兵／陣地制圧を目的とした九七式中戦車は、初陣となる昭和14年5月からのノモンハン事件から対戦車能力の不足を痛感していた。その半年後に起こったドイツによるポーランド侵攻は、機甲戦力の有効性を世界に示したこともあって我が国でも対戦車戦を考慮した戦車砲の研究が進み、昭和17年4月には高初速の一式47粍（ミリ）戦車砲が制式制定とされた。

この時期、フィリピンでは八九式中戦車と九五式軽戦車が、米軍のM3軽戦車と対峙し苦戦していた。軽戦車と言えどM3の装甲は、九五式の37㎜砲どころか八九式の57㎜砲でも歯が立たなかった。そこで制式採用前の一式戦車砲を砲塔を大型化した九七式中戦車に搭載。この新砲塔チハは1個中隊10両が同地に投入され、華々しい戦果を挙げることとなる。

新砲塔チハはその後の戦車部隊の主力となるが、本来九七式中戦車の後継となるべき車両は昭和14年から開発が進められていた。この時研究されていた秘匿名称チホは47㎜砲を備えるも160馬力の空冷ディーゼルエンジンは性能的に後退することから試作のみに終わるが、翌年より開発が始まるのが後の一式中戦車、秘匿名称チヘである。47㎜砲による対戦車攻撃力に加えて車体の大型化と装甲の強化、出力増のエンジンによる機動性向上など総合的な能力向上を図る画期的な車両であり昭和15年から開発が始まる。新砲塔チハと同じ砲塔に前面装甲を追加し装甲厚を50㎜に倍増。車体前面の装甲厚も50㎜とされた。開発された100式統制ディーゼルエンジンは最大出力240馬力と、九七式中戦車の4割増となり機動性は大幅に向上した。

戦局の激化により予算・資材の優先が得られず開発完了は昭和18年までずれ込み、また量産開始も19年初春からであった。19年中に170両が生産された模様だが、太平洋戦域ではM4シャーマンが登場しもはや47㎜砲は能力不足となっていた。すでに外地には送れずまた火力の増大も望まれ、150両の生産後は75㎜野砲を改修した戦車砲を載せる三式中戦車への生産に移行する。■

一式中戦車［チヘ］

簡単リアルなウェザリング「アルコール落とし」

1砂や埃が車両の細部にたまったり、車体全体がうっすらと埃に覆われているような表現を短時間で簡単に施す方法に「アルコール落とし」がある。まず準備するのはタミヤ水性アクリル塗料、燃料用アルコールと平筆だ。 2「アルコール落とし」はつや消しの塗膜の上から行なってしまうと白色化してしまい、せっかくの基本塗装が台無しになってしうことがあるので、最初にまず車両全体を半ツヤクリアーで保護してしまう。今回使用したのはガイアカラーのセミグロスクリアー。 3埃表現を施したい箇所にタミヤアクリルのバフをエアブラシで吹き付ける。目立たせたい箇所には直接筆で色を付けてもいい。バフを塗装した直後に燃料用アルコールを含ませた平筆で拭き取るように落としていく。埃が溜まりそうな箇所に筆で塗料を誘導していくこともできる。アルコールは必ず燃料用(メチルアルコール) を使う。火気厳禁、飲用不可の液体なので扱いは充分注意する。 4アルコールが乾燥して顔料だけが残り、埃がたまったようになっている。バフだけでなくほかの色でも試してみるといいだろう。

2

1

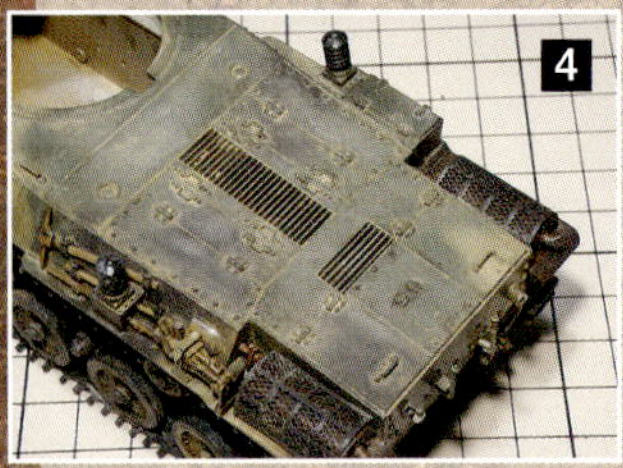
4

3

2

1

4

3

1ライトレンズはクリアパーツで再現されているのでレンズパーツを取り付ける前に内部をシルバーで塗装した後に細筆を使い中心にホワイトを描き込むとリアルになる。　2こまかく再現されたエンジンデッキのハッチと蝶番類。アルコール落としとエナメル塗料でのスミイレを繰り返してウェザリングが施されている。 3マフラーはピグメントを数種類使って錆びが浮き出ている表現を施してからエッチングパーツのカバーを取り付ける。　4車両に搭載されている工具類は筆で陸軍カーキ色で塗り分けられていて、塗装が剥がれたようにダークアイアンでチッピングが描き込まれている。工具固定用のクランプと蝶ネジ、ジャッキ台などは専用のエッチングパーツが使用されて精密感が増されている。

Imperial Japanse Army Medium Tank
Type1 "CHI-HE"
Finemolds 1/35
Injection-plastic kit
Modeled and discribed by Ichiro YOSHIDA

一式中戦車［チヘ］

隠蔽力と発色を考えて塗装する、三色迷彩の塗装工程

一式中戦車は、パッ見ると日本軍の戦車に見えないシルエットをしています。どこか大戦初期のころのドイツの車両のようなフロントフェンダー形状だったり、その両方の上に配置されているヘッドライトだったりとほかの日本軍中戦車とは少し違った雰囲気を持った車両だと思いながら製作を進めていきました。

今回のファインモールド製キットは2000年発売と、少し時間のたったのキットですが、細部を再現したモールドなども気になる箇所はとくに無く、組み立て時のパーツ同士の合いなどもまったく問題ありません。ひとつ気になって修正した箇所は上部誘導輪でした。転輪のゴム部分にあたる箇所の真円が出ていない部品があったのでヤスリで削り、ゴム部分の厚みが均一になるよう調整しました。削り過ぎないように様子を見ながら少しずつヤスリをかけて行きましょう。車体の組み立てはパーツのゲート処理などをちゃんと行なえば隙間なくしっかりとした車体が簡単に完成します。今回使用した同社から発売されている専用のエッチングパーツを使用すればさらに細部のディテールを細かく再現できます。とくに雑具箱の留め具、各工具類の固定具の蝶ネジなどを交換すると効果的にディテールアップが施せます。履帯は軟質素材のベルト式で、説明書に表記があるとおり接着は瞬間接着剤を使いました。接着した繋ぎ目はなるべく目立たないように接地している位置に来るように巻きます。エッチングパーツを使って再現したマフラーカバーは塗装工程を考えて、整形した後別々に塗装し、マフラー自体を塗装した後に取り付けました。

塗装は日本陸軍戦車後期の迷彩塗装です。GSIクレオスから発売されている専用のラッカー系塗料セットを使い、3色の迷彩をエアブラシでキットに付属している塗装例を参考にしてフリーハンドで吹付けました。迷彩塗装を施すときの基本として隠蔽力の低い明るい色から塗っていくのが好ましいので、まずは枯草色で車両全体を塗装してしまします。その後に草色、最後に土地色の順番で迷彩塗装を施します。面積が一番多いからと言って草色を最初に塗ってしまうと明るい枯草色の色が悪くなるだけでなく何度か重ねて色を吹かないといけないので、塗膜も厚めになってしまい、さらには塗り分け部分のボケ足も多めになってしまいがちです。なので、迷彩塗装を施すときには明るい色の順番で塗装していきましょう。

基本塗装が乾燥してらデカールを貼ります。マークセッターをデカールを貼る部分に塗り、デカールをスライドさせてなるべく空気が入らないように位置を決めます。位置が決まったら完全にデカールと塗膜の間の空気を抜くように軽くデカール表面を柔らかい平筆などで撫でて空気をデカールの外に追い出します。後は乾燥するまで一晩放置しましょう。水分が無くなったことを確認したらラッカー系のセミグロスクリアーで塗膜を保護します。このときにデカール周辺にわざと厚めにクリアーを吹いておくと後にウェザリングを施した時にデカールの周りだけ浮き上がることを防ぐことができます。クリアーが乾燥後、タミヤアクリル塗料のバフを車体全体にうすく吹き付けて、燃料用アルコールを含ませた筆で拭き取るようにしてアルコール落としをします。これは砂や埃が車体のおくまった箇所などにたまった表現を簡単に行なえます。アルコールはかなり速く乾燥するので次の工程にすぐにはいることができます。次は足周りを中心にピグメントを使い泥が車体側面にこびりついた様子を再現します。今回はMIGプロダクションのロシアンアース、ダークマッド、ドライマッドの3種類のピグメントを小さいスプーンや筆を使って車体側面や転輪に撒き、ピグメントフィクサーをスポイトを使って浸透させてピグメントを固定します。乾くまで本当の色味はわからなくなりますが、ドライヤーなどで弱温風をあててやると見る見る乾いていきます。これをくりかえして好みの汚れ具合になるよう調整します。ピグメントが乾燥、固定されたらエナメル系塗料で全体をウォシングして塗装全体の統一感を出し、同時にスミ入れをして、各ディテールを浮き出させて立体感を出します。■

三式中戦車［チヌ］

陸軍　三式中戦車[チヌ]
ファインモールド　1/35
インジェクションプラスチックキット
発売中　税別3800円
㈲ファインモールド　☎0532-23-6810
製作・文／渡辺大輔

M4シャーマン戦車に対抗できる戦車ということで計画されたのが三式中戦車だ。一見計画に終わった車両にも見えるが、生産台数は多く150両を越えた。結局は本土決戦用として温存され、これといった戦果も挙げられないまま終戦。終戦後そのほとんどが解体されたが、土浦の陸上自衛隊武器学校に1両が展示され、その勇姿を観ることができる。

遅すぎた量産、戦場は本土のみ

解説／きたみ みちお

九七式中戦車の後継となるべく新型中戦車の試作命令は昭和15年（1940年）に出された。これは47㎜砲による対戦車戦闘力に加え機動力・防御力の向上も目論むものだった。車体を大幅に改善すべく、それまでリベットで接合された車体は溶接組みとし新型エンジンを搭載。車体装甲は倍に引き上げたのである。一式中戦車「チヘ」として後に制式化されるこの車両は、試作車完成が昭和17年9月、量産開始は19年春と遅れることとなる。運用試験での不具合がなかなか克服できなかったこと、既存戦車の量産を妨げないようにとの方針が災いしたのだ。

しかし一式戦車の生産はその後約半年、量産前の試作車を加えても170両で終了する。75ミリ級が標準となりまたそれ以上の大口径戦車砲をも搭載する敵陣営に向けては既に威力不足が明白であった。ここから砲塔を大型化し75ミリ野砲の転用型を搭載する三式中戦車「チヌ」に生産が切り替わる。

これより前、昭和17年4月より「新中戦車（甲）」「同（乙）」として研究が始まった戦車はそれぞれ「チト」（＝四式中戦車）「チリ」（＝五式中戦車）と名付けられ開発が始まっていた。が、搭載戦車砲も含めた開発には時間がかかり試作車両完成はチトが19年5月、チリは20年3月の予定であった。さりとて戦局の悪化は早急な新戦力充当を迫られた。チト試作車完成と同じ19年5月に提案されたのが九〇式野砲を車載用に改造し、一式中戦車の改造型とする「チヌ」＝三式中戦車である。同年9月に試作車竣工、10月には試作完了としてそのまま量産が始まった。

日本の戦車はその開発呼称をカタカナ2文字で表し、中戦車の「チ」の次に開発順序で「イ・ロ・ハ・ニ……」と続いた。制式採用年順の「〇式」と開発呼称順序が入れ替わるこの事態こそが、戦局の悪化を表しているともとれる。

三式中戦車は166両が生産されたと言われ、関東および九州で部隊配備された。また実現はしなかったが、四式中戦車に搭載予定だった75ミリ長砲身戦車砲の搭載も企図されていた。■

三式中戦車［チヌ］

●ついに実戦をすることなく終戦を迎えた三式中戦車だが、作例は油彩やエナメル塗料のエフェクト材を使用してハードにウェザリングを施すことで、戦車模型としてのらしさや質感、迫力が演出された仕上がりとなっている。

●製作ではファインモールド純正のエッチングパーツ(MG11)とモデルカステンの連結可動履帯(SK-31)を使用。ライトレンズはウェーブのHアイズに変更している。キットの素性がよくアフターパーツを組み込むことでより精密感のある仕上がりを得られる。

Finemolds 1/35
TYPE3 "CHI-NU"
injection-plastic kit
Modeled and decrived
by Daisuke WATANABE

三式中戦車［チヌ］

組み立てが容易な分は塗装に時間をじっくりかける

ファインモールドから発売されているこのキットは発売されてから少々時間が経過していますが、組み立てやすいようパーツは少なく抑えられ週末モデリングにはおすすめのキットです。素組みでも特徴のあるリベット打ちの車体に組みあがりますが、簡単なディテールアップとしてマフラー出口や車載機銃の銃身を針やデザインナイフなどで開口するとより精密に仕上がります。

車体が組みあがったら塗装です。サーフェイサー塗布後、車体全体を黒、車体上面は白く塗装し、車体の光と影を形成します。車体の基本塗装はＭｒカラー特色セットの〝日本陸軍戦車色後期迷彩色カラーセット〟を使用しました。この塗料セットは、ファインモールドが旧陸軍資料をもとに監修した塗料で、正確な色で簡単に塗装できます。ラッカー系なので塗膜の強さやカラーモジュレーションのベース塗料としても優れており、とてもおすすめの塗料セットです。

基本塗装終了後、ごく薄い油彩でフィルタリングやエイジングを施します。塗装のはがれやキズはファレホアクリルを使用し、筆やスポンジで描き込みます。

車体下部の泥汚れは石膏を混ぜたエナメル塗料を数色使用し、ランダムに筆でスプラッシュ。乾燥後ところどころエナメル溶剤を含ませた筆で縦方向に軽く塗料を流し、ふたたびスプラッシュ。層を重ねることでよりリアルな泥汚れになります。素組みで簡単に仕上げて塗装に時間をかけるのもよし。あるいはディテールアップを行ない、よりリアルに仕上げるもよし。いろいろな楽しみ方ができる良いキットです。■

FINEMOLDS 1/35
Type 4 "CHI-TO"PROTOTYPE
Injection-Plastic kit
Modeled and described
by Yoshitaka SAITO

FINEMOLDS 1/35
Type 4 "CHI-TO"PLANNED PRODUCTION
Injection-Plastic kit
Modeled and described by Masakazu YAMAGUCHI

四式中戦車［チト］

ファインモールドの「四式中戦車」は、ふたつのキットが同時に発売になるという、ちょっと不思議な販売方法をとっている。それは四式中戦車に１種類では語りきれない物語があるからなのだ。同じようでまったく違うこの二両を検証しつつ、両方を製品化したファインモールドの心意気とキットをレビューする！

打倒シャーマン！ 機甲部隊の切り札だった四式中戦車【チト】

解説／きたみみちお

それまでの歩兵支援用途から脱し、当初より対戦車戦闘を主目的として昭和17年9月に開発方針が示されたのが秘匿名称チト、後の四式中戦車である。計画当初は搭載砲を47㎜戦車砲としたが実際の開発着手前に57㎜砲に変更、当時のヨーロッパ戦で大口径砲を搭載する戦車が次々と開発されていたことから開発途上で75㎜戦車砲に変更された。車体装甲厚も最大75㎜と欧米の主力戦車に遜色ないものであった。

搭載する75㎜砲は中国軍から鹵獲したボフォース製高射砲をベースに作られた。同時に開発されていた五式中戦車が搭載する砲から反自動装填装置が省かれたものである。しかしこの戦車砲の生産は遅れ、また車体も2両の試作車の完成に止まり、砲を搭載した上で走行／射撃試験を経た後に終戦を迎えている。一説には6両分の砲塔・車体が製作されていたとも言われているがはっきりしない。

完成していた1両は千葉の戦車学校で米軍に接収されたが、もう1両は射撃試験後に現地部隊に編入され、終戦直後に浜名湖北部に接する猪鼻湖に沈められた。

また、三菱重工がすでに制作していた取扱説明書の詳細図では簡略化された車体と三式中戦車の砲塔が寸法入りで記されており、これを量産（計画）型と解釈しているのだ。■

▼終戦後、千葉戦車学校で撮られた「四式中戦車【チト】」の写真。試作型の2両のうちのひとつ。本車は米軍によって接収された。もう１両はいまも浜名湖の湖底に沈んでいるという。

写真協力／ファインモールド

❶主砲は同じ75㎜砲だが、試作段階では鋳造砲塔が計画されていた。鋳造は量産がむずかしいとの判断から量産計画では装甲板を組み合わせた（三式中戦車の砲塔）ものが考えられていた。❷車外装備品の搭載位置などに変更はないものの、車体後部の形状、給排気口のルーバー部分には異物混入防止のカバーが増設された。またマフラーの形状も変更されている。❸車体全面も試作型とくらべ量産型では生産時の手間を少なくするためか単純な面構成に改められた。全面装甲の傾斜角が強く（多く）つけられている。また車体全部上面にあるメンテナンスハッチも量産型では簡略化され数が少なくなっている。❹車体側面装甲板も量産型では一枚板に。またサスペンションのボギー形状も変更される予定だった。

●試作型はスコップやジャッキこそ装備されているものの、２カ所にある機銃は装備されず外した状態で製作。試作中らしさを演出している。また、塗装ではいきすぎたチッピング表現などは施さず、傷みがない新車に近い状態で仕上げているが、単色塗装では単調になりやすい。作例は各部の埃を表現することで表情をつけている。

FINEMOLDS 1/35
Type 4 "CHI-TO"PROTOTYPE
Injection-Plastic kit
Modeled and described
by Yoshitaka SAITO

四式中戦車 試作型

四式中戦車【チト】試作型
ファインモールド　1/35
インジェクションプラスチックキット
税別4700円
㈱ファインモールド　☎0532-23-6810
製作・文／齋藤仁孝

「よいプラモデル」のお手本 作りやすくて高い再現度

とくに大がかりなディテールアップなどはせず、砲身を専用の金属製に変えた以外はキットのまま製作しています。車体は面ごとにバラバラ、砲塔の鋳造面が左右、後ろと別パーツになっているので合いが心配でしたが、組み立ててみるとどこもピッタリと収まり、高い精度に驚きました。足周りや細部も各部パーツをうまく一体化することで作りやすさを高めつつ、再現度を犠牲にしないといった設計力にも脱帽したキットです。こうしたことが金型加工技術だけではない、メーカーのセンスが現れる「よいプラモデル製品」を作るということなんだろうと感じました。

塗装はスペインのトップモデラー、ミゲル・ヒメネス（MIG）の塗装方法を参考に挑戦してみました。手順などは『月刊アーマーモデリング』131号の特集『カタカナ語技法チンプンカンプン』に掲載されたBT-7と同じにすすめましたが、ちょっと違うのは塗料です。記事では基本塗装にアクリル系塗料を使用していましたが、今回はGSIクレオスのラッカー系塗料（日本陸軍戦車後期迷彩色セットの枯草色）を使用しました。細部の塗り分けにはアクリル系塗料を使い、ウェザリングでは数色のAKインタラクティブのエフェクト塗料（希釈済みエナメル塗料）や油彩を使用しています。足周りはアクリル系塗料で埃色を数色作り、塗料を筆に含ませて筆先をはじいて泥ハネを再現しています。履帯は埃色に塗装後、エナメル系塗料のジャーマングレーでドライブラシして仕上げました。

●単純な面で構成された四式中戦車の量産型。作例では牽引ロープに表情を付けたり、布を配することで車両の使用感を高め、あたかも実在した車両のような雰囲気を持たせている。また、迷彩色の剥げや錆などハードなウェザリングによって実在感や金属製っぽさが高まっていることにも注目してほしい。

四式中戦車 量産型

四式中戦車【チト】量産型
ファインモールド　1/35
インジェクションプラスチックキット
税別4700円
㈷ファインモールド　☎0532-23-6810
製作・文／**山口まさかず**

FINEMOLDS 1/35
Type 4 “CHI-TO”PLANNED PRODUCTION
Injection-Plastic kit
Modeled and described by Masakazu YAMAGUCHI

自由に想像力を働かせて「ｉｆの勇姿」を楽しむ

四式中戦車チトは同スケールのティーガーなどと並べても引けを取らないどっしりとした風格があり、日本人としてうれしさすら込み上げてくるような車両です。

ファインモールドのキットは各パーツの合いも大変よいことはもちろん、組立順序など説明書がとてもわかりやすくなっており、作る側のことをよく考えているという印象を受けるキットです。五式で連結式だった履帯がベルト式なのも作りやすくていいですね！　またキットには標準で必要最低限のエッチングパーツ（治具付きで簡単に取り付け加工が可能）とクリアーパーツが入っており、箱のなかだけでもリアルな完成品を生み出すことができますが、さらにこだわり派の方には蝶ネジやエンブレムなど別売りエッチングも用意されています。別売りで言えば同時発売の金属砲身が精度がよくオススメです。

製作では若干追加加工した部分がありますので紹介します。まず後部デッキ上のワイヤーは水糸に変えました。柔かく安価で簡単にリアルになります。入手も容易でホームセンターに何種類も太さの違うものが売っていますよ。アンテナにはピアノ線を使いました。これも安価で、かつ真ちゅう線より弾力性があり曲がりにくいのでアンテナにぴったりの素材です。車体前面装甲の継ぎ目には伸ばしランナーを接着しておき、ヒートペンで溶接跡をつけてみました。そのほかの溶接跡もそれに合わせ若干オーバー目に再現しました。砲塔上部の機銃架が太く感じましたが資料もないのでキットのままです。

塗装は説明書にある「推定・三色迷彩」を参考に塗装しました。基本塗装に使用したのはGSIクレオスの日本陸軍戦車後期迷彩色セットで、すでにいい色に調色されており、簡単に日本車両の色が出せると思います。私はこのビンのまま使いつつ、ピグメントとアクリル系塗料のバフを塗り、アルコールで落として明るい部分を作り、調子をつけてみました。

仕上げでは「量産され実戦配備されたならば？」という想像力を働かせダメージ表現も加えつつ、ハード目な感じに錆や剥げを表現していますが、自由な感じに仕上げられるのも、計画図面に終わった「量産型」のよいところですね。■

五式中戦車［チリ］

帝国陸軍 五式中戦車[チリ]
ファインモールド　1/35
インジェクションプラスチックキット
発売中　税別5700円
㈱ファインモールド　☎0532-23-6810
製作・文／**ホセ・ルイス・ロペス**

終戦までに間に合っていれば戦局が大きく変わった……かどうかはさておき、完成すれば日本軍最強戦車となっていた五式中戦車。スペインのモデラーホセ・ルイス・ロペス氏が自ら編み出した塗装法ブラック＆ホワイト塗装（以下B&W）を駆使し、88㎜砲を搭載した仕様で製作した。

遅すぎた次期主力戦車の開発

解説／きたみ みちお

昭和17年に入り大幅な性能向上を目論む新型中戦車の審議が始まるが、翌18年に入ると独ソ戦の状況も踏まえて、それぞれ57㎜砲・75㎜砲を備える2種の中戦車計画が提案された。前車がチト（四式中戦車）、後者がチリ（五式中戦車）であり、両者ともに従来とは異なり初めて対戦車戦を主目的とされていた。

同年8月上旬より設計に関する細部研究会がおこなわれたチリは『欧州戦線の状況に照らせば従来あるいはチト車でも間に合わず、さらに大きな物が必要』とされた。75㎜56口径の長砲身戦車砲を主砲とし、射撃間に支援する副砲として37㎜砲を装備。全備重量35t、装甲厚は上面20㎜～最大は正面75㎜を要求した。車体形式や構造は全くの新規とされ、重量／出力も増大させるべくエンジンや操向装置、サスペンションなど多岐に渡り新規に研究が行なわれた。エンジンは九五式戦闘機に用いられたBM-8を改造し、とくにサスペンション方式は複数案が検討された。砲塔も大型となり国産戦車として初めて砲塔内バスケットや電動モーターでの旋回機構を設けた。複数案あった車体形状は従来型を世襲する案となり、また研究が必要な新機軸のサスペンション構造案は見送られボギー・シーソー式の従来の戦車同様となった。また搭載予定の新開発75㎜長砲身砲「試製七糎半戦車砲（長）」は単発式ながら自動装填装置を有する画期的な物であったが、その開発も進まなかった……。

昭和20年2月初旬に完成した主砲はチトに搭載され、愛知県の伊良湖岬で射撃試験が行なわた。チリの試作車は3月に完成し、直ちに富士裾野で走行・射撃試験が行なわれたとの記録がある。本車はこの1両のみが製作され、自動装填装置の不具合から試験後に砲を降ろされるのだが、次回の試験は行なわれぬまま終戦を迎えた。試作車完成と同じころの計画では、75㎜戦車砲は自動装装填置を外したチトへの搭載用として生産予定数が記載されており、チリの量産計画は白紙になっていた。■

●ブラック&ホワイト塗装法（以下B&W）は塗装理論に頭を悩ませることなく、最少量の塗料で、手早くかんたんに変化に富んだ色調に塗れる技法です（モデュレーション法、天頂光源法、どちらも可能）。そんなうまい話が、と思われるかもしれません。でもやってみれば、B&Wのよさがおわかりになるはずです！
❶模型のボリューム感と各面への光線の当たり具合を確認するため、真上から光を当てて観察します。携帯で写真を撮っておくと、あとで参考になります。
❷黒とは光のない状態です。なので光が直接届かない隠れた部分や入り隅部にプレシェーディングとして全体的に影をつけておきます。必ず黒っぽいグレーを使い、絶対に純粋な黒は使わないでください。
❸模型のいちばん暗い影部と普通の下塗り色をつなぐ中間色にはダークグレーを使います。写真のように模型に真上から光を当てたときの影のパターンを再現するよう塗っていきます。
❹❺段階的に少しずつグレーの明度を上げて、車体全体に天頂光源による光と影を意識しながら塗ります。
❻最後に純白色を光がいちばんよく当たる部分に塗ります。白は塗りにくい色なので、あせらずに塗装しましょう。好みの濃さになるまで何度もうすく塗り重ねます。仕上がったB&W下地は、携帯で撮った写真と見比べると、それぞれの明度の灰色部の最終修正が簡単にできます。
❼作例では生まれてはじめて模型の塗装計画を最初の構想から変えました。ごらんのように砲塔にも同じ迷彩をすることにしました。しかしいちばん大事なのは、模型全体に塗りおわったB&W下地が全部見えるように迷彩の基本色を正しく塗ることです。そのためには塗料を本当にうすく希釈しなければなりません（タミヤやGSIクレオスの塗料なら約80%がうすめ液です。アンモ・オブ・ミグヒメネス（以下アンモ）などのアクリル塗料ならもう少しうすめ液を増やします）。これをエアブラシで本当にうすく、何度も吹き重ねていきます。迷彩塗装の車両なら、各色をその塗る部分ぴったりに塗りましょう！　こうすれば半透明の迷彩基本色を透かして、B&W塗装法の天頂光源効果がはっきり見えるようになります。
❽車体全体はアンモのWWⅡ前期日本軍戦車塗装色セットで塗りましたが、このセットは後期色よりも鮮やかな前期色なので、すこし色を変えました。日本軍の後期迷彩らしくするため、アンモのイギリス戦車1939-1945ヨーロッパ塗装色セットのカーキグリーンとブリティッシュブラウンを加えました。ごらんのとおり砲塔の塗装を全部落とし、もう一度B&W下地からやり直しましたが、明度は最初よりもすこし下げました。理由は基本色の明度を下げるには、B&W下地の明度を下げればいいからです。車体のように明るい色にしたければ、B&W下地の明度を上げるだけです。それだけです！
❾砲塔は白で少し明度を上げた、いわゆるオリーブドラブだけで塗りました。これもとてもうすく希釈した塗料をうすく塗りました。もっと明暗をつけたければ、下塗り色のハイライトや暗色を強めましょう。B&W下地塗装法は天頂光源法やモジュレーション法と同じ効果をえる手法のひとつでしかなく、こうしなければいけないというわけではありません。
❿すこしだけ明度を上げた迷彩基本色と同じ色を細筆で塗り、リベットやエッジ部などのこまかいディテールを強調しました。

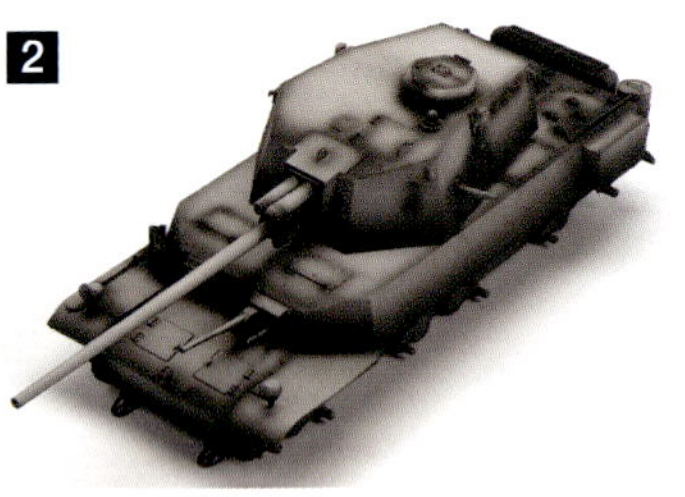
2

1

4

3

6

5

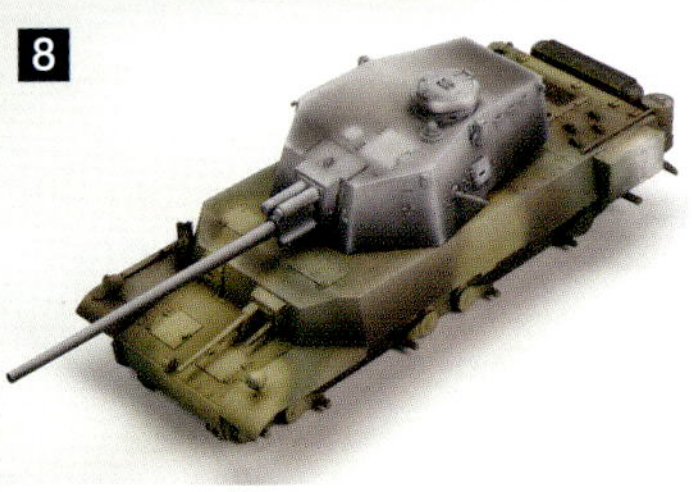
8

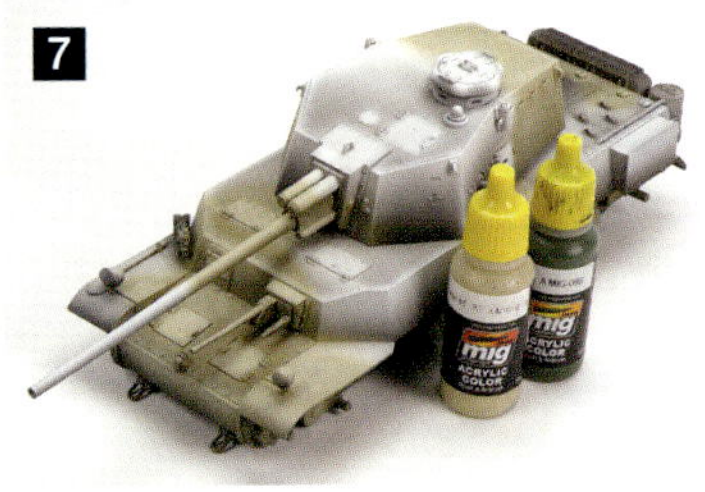
7

10

9

キットの製作は
アントニオ・ペルディセス氏が担当

●ファインモールドのこのキットは同社の模型の多くと同じく、モールドも部品の合いもすばらしく、組み立ては楽しくすらすら進みます。ただ履帯を組むのが大変でした。もちろん悪い意味ではなく、履帯の出来やディテールはすばらしいのですが、いったん金属製履帯に慣れてしまうと、プラ製履帯は複雑で組むのに時間がかかり、しかもデリケートで壊れやすく、またウェザリング塗料の強いうすめ液におかされやすく感じられるのです。前照灯はロシアのエルフプロダクション製で、収納箱はバーリンデン製、金属砲身はエデュアルド製です。

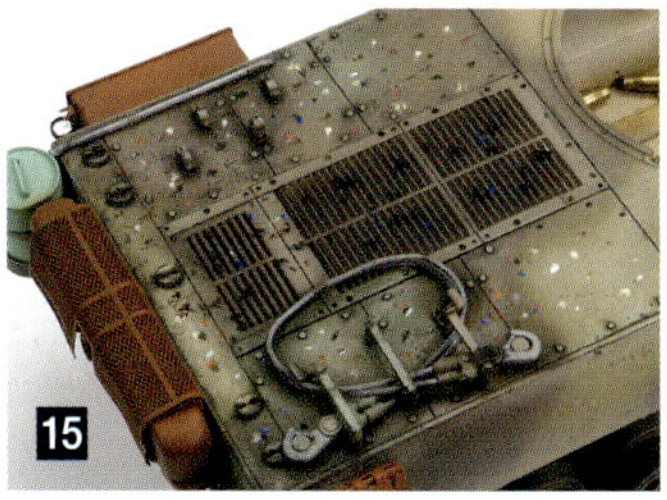

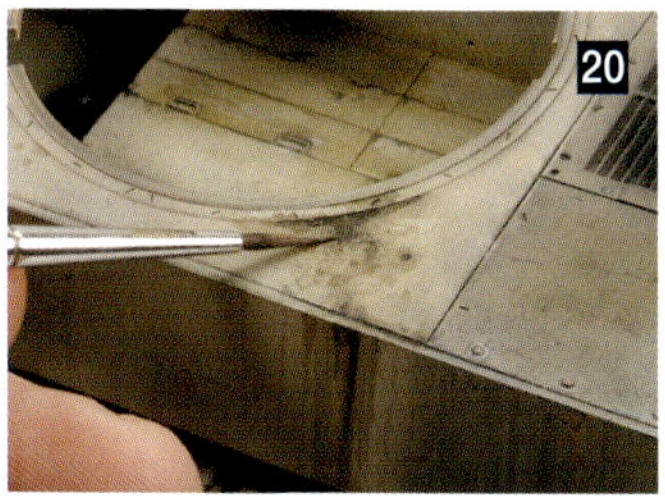

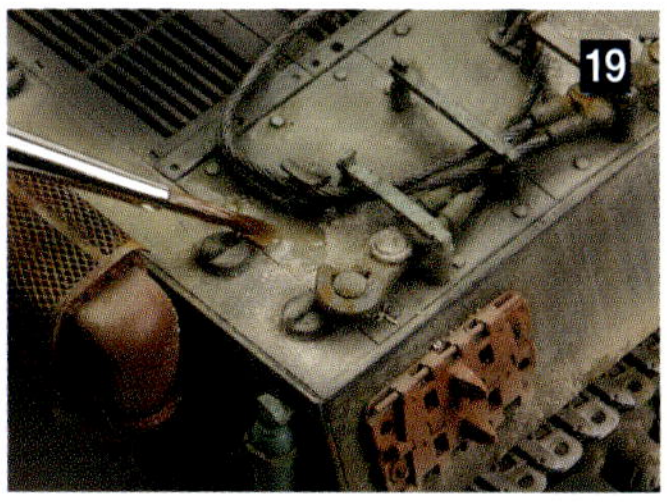

⑪チッピングはどうしても退屈な作業ですが、チッピングをおろそかにするとこれまで塗った基本色塗装が台無しになってしまいます。ですから自分のセンスを発揮しましょう。チッピングしすぎの模型はヤボですよ。チッピングをするのは、よく触ったり、こすれたり、物がぶつかったりしやすい箇所です。それからチッピングの形が全部同じにならないようにしましょう。リアルな感じにするに、どれだけいろいろな形が必要か、写真をご覧ください。私が常用しているのは「二段式」チッピングです。まず点状ハイライトに使ったのと同じ色で塗膜表層のチッピングをします。それからアンモのアクリル塗料MIG-044チッピングを使い、塗膜下層のチッピングを各所に塗りました。実際のチッピングは必ずしも塗膜の最下層まで剝げるわけではありません。表層だけの剝がれもあるのです！

⑫ここは工具やアクセサリーの全般塗装と、デカール貼りなので気も楽です。チッピングをたくさんやったので、ここでひと休みというわけです。デカールは半ツヤクリヤーで必ず保護しましょう。模型全体に半ツヤクリヤーを吹きます。これは下の塗料を浸食性の強いウェザリング塗料から守るのと、ウォッシング塗料が凹部やディテールの周囲によくまわるようにするためです。全体ウォッシュにはアンモのNATO迷彩用ウォッシュを使いました。これは黒に近いウォッシュ液で、この迷彩によく合います。これからの激しいウェザリングの下地として、車体下部にテクスチャー塗料をざっと吹きました。乾燥後、エッジ部に褐色をエアブラシして落ち着かせましたが、これは車体下部全体に塗らないよう気をつけます。最後に暗めの色を入り隅部に加え、明度差を最大にしました。

⑬土汚れは調色したMIGプロダクションの水性アクリル塗料で塗りました。まずよくうすめたツヤ消しクリアーを土が積もりやすい水平部全体に塗りました。写真のように土がつきやすいと考えられる箇所に集中させるため、場所によってはマスキングもしました。ダスティングとは闇雲に土汚れをつけることではなく、汚れるべき箇所にして戦車を映えさせることです。余分な土汚れは湿らした筆で取りのぞき、作業は部分ごとに手早くするようにして、全体を一度にしないようにします。さらに油彩で土汚れの明度を変化させました。土汚れはアクリル塗料なので、上に油彩を重ねても問題ありません。

⑭⑮油彩は模型製作に欠かせない素材です。写真のように油彩はいろいろな使い方ができます。明るい色は砲塔のように明部の強調に使えますし、車体後部や側面のように退色表現にも最適です。色調に変化をつけたり、深みを出すため、完成するまで何度も油彩を塗り足しているのを写真からお読みとりください。

⑯排気管カバーと側面収納箱にはヘアスプレー技法を使いました。まずハルレッドか錆色を塗り、クリヤーで保護します。乾燥後、ミグのチッピング液を塗り、30分乾かしました。乾燥後、基本色をエアブラシしました（アクリルうすめ液と混ぜたアクリル塗料だと、剝がすのがむずかしくなるので注意）。10〜15分間乾燥後、腰の強い筆や爪楊枝などで自分の好きなように塗料を剝がします。満足できたらクリヤーで覆います。

⑰履帯を壊さないよう慎重に模型に取りつけました。履帯がないと戦車は戦車らしくならないので、これはとても大事な作業です。履帯は車体下部の泥土汚れに使ったのと同じ色で塗りました。

⑱雨垂れのような垂直な汚れはよくうすめたアクリル塗料で再現しました。細筆ですこしずつ半透明になるよう作業し、パネルごとに塗っていきます。

⑲ピグメントの使用方法は普通です。ピグメント（ライトダスト、サンド、ロシアンアースを混ぜたもの）をつけたい箇所にのせ、ピグメント定着液かタミヤのアクリル溶剤で定着させます。土汚れと同様、ピグメントもあるべき箇所だけにつけましょう。

⑳オイルや燃料の汚れはミグのエナメル塗料、A.MIG-7402エンジンセットを使いました。これもよくうすめてから調合比をかえた色をあちこちにすこしずつ散らしました。これも作業はすこしずつ何度にも分けて、必要な乾燥時間をとるようにします。

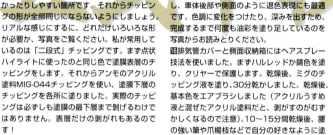

五式中戦車［チリ］

海外モデラーが思い描く五式中戦車の本当の姿

五式中戦車チリは太平洋戦線の全域に出現したシャーマンに対する日本陸軍の当然かつ必然の回答でした。日本軍機甲部隊の中心は非力な軽戦車で、連合軍は37㎜対戦車砲でも容易に撃破できました。

ドイツのケーニヒスティーガーを彷彿させる外観のチリは37トンちょうどで、45トンのパンター中戦車に比べれば「軽い」戦車ですが、550馬力を発揮する川崎九八式ガソリンエンジンを搭載し、その最高速度は時速45㎞、最大航続距離250キロはパンターと同一でした。チリは溶接構造の傾斜装甲を備え、装甲厚は車体の前部が最大の75㎜で、側面は25〜50㎜、後部は50㎜、砲塔が50㎜でした。

主砲は九九式高射砲を改造した88㎜砲が当初予定されていました。副武装として一式37㎜砲が車体前部に搭載されています。近接防御用には九七式機銃2挺が装備され、1挺は37㎜砲の同軸機銃として、もう1挺は砲塔の左側面に取りつけられました。

チリの設計は1943年から開始されましたが、終戦までに試作車が1両のみが完成。戦後連合軍によって接収されていますが、その車両はその後は行方不明となっています。作例ではこの中戦車が初期の計画どおりに完成し、合理的な進化をとげた状態を自分なりに想像してみました。この作品ではパンターⅡに使用されたドイツの88㎜砲を搭載したのをはじめ、車体左側に収納箱を、右側には予備履帯を配置し、工具固定金具や前照灯の位置を変えたり、車体後部にオイル缶または燃料缶用の固定具を取り付けてみました。

作例は初期設計による車両が改良を加えられ、1946年に太平洋戦線の某所に配備されていたという設定です。車体はおなじみの三色迷彩とし、新型の試製砲塔には日本の九九式88㎜砲よりも対戦車砲としてはるかに実績のあるドイツの88㎜砲を搭載してみました。その威力はソ連戦車の大量撃破で証明ずみです。これならシャーマンもうかつには手を出せず、日本軍の前線に近づけなくなったことでしょう！■

IMPERIAL JAPANESE ARMY MEDIUM TANK
TYPE-5 Chiri
Injection-Plastic kit
Modeled and described by
JOSE LUIS LOPEZ

日本軍車両&フィギュア セレクションカタログ

日本軍はキットが少ないというのが定説ですが、さにあらず。じつは主要車両のほとんどはキット化されているのです。国内メーカーはもちろん、海外メーカーも日本軍関連アイテムをラインナップに加えています。ここではオススメの主要な日本軍車両からフィギュア、ディテールアップパーツをご紹介します。

■日本陸軍 九七式中戦車 チハ

(1/35 税別1900円) ●タミヤ ㊐タミヤ

●タミヤMMシリーズ初の日本軍車両。1975年12月発売。比較的シリーズ初期の製品だが、発売から40年が経とうとする現在の目で見ても遜色ない再現度。誌面の作例記事にも常連の存在。

■日本陸軍 97式中戦車改（新砲塔チハ）

(1/35 税別2000円 特別販売製品) ●タミヤ ㊐タミヤ

●新規AFVキット発売が滞っていたAFV冬の時代を覆す時期にリリースされた。当時から限定生産的なポジションであったが、度々再生産されている。ちなみに、「改」という名称は戦後の分類的な呼び名で、「新砲塔」の名も開発側での呼称だったようだ。

1日本陸軍 一式砲戦車

(1/35 税別2000円)

2日本陸軍 一式砲戦車（人形6体付き）(1/35 税別2400円)

●タミヤ ㊐タミヤ

▼米軍戦車と実際に対峙した車両中では最強の日本軍戦闘車両。「97式中戦車チハ」と共通するのは車体下部と転輪・履帯のみで上部がまるごと新規パーツだ。

▲キットに同社の「日本軍歩兵セット」を追加し、合計6体のフィギュアが付属。記章用のデカールも新たに用意されている。

1陸軍 九七式中戦車[新砲塔チハ]

(1/35 税別3800円)

2陸軍 九七式中戦車[新砲塔チハ] 前期車台 (1/35 税別4000円)

●ファインモールド ㊐ファインモールド

●いわゆる新砲塔チハ。先に発売されたファインモールドの「一式中戦車」とは別に新規で設計、開発された砲塔パーツが含まれる。従来の九七式の車台に新砲塔を備えた過渡期的な車両も製品化。ともに排気管カバーはエッチングパーツが付属、クリアパーツの一升瓶のオマケ付き。

1陸軍 九七式中戦車[チハ] 57㎜砲装備・新車台

(1/35 税別4000円)

2陸軍 九七式中戦車[チハ] 増加装甲型

(1/35 税別4000円)

●ファインモールド ㊐ファインモールド

●ファインモールドからもエンジン冷却用の空気の流路変更に伴い車体後方上部の形状が変更された新車体と、前面に追加装甲を施した九七式中戦車（チハ）増加装甲型が発売されている。鋲型六角ボルトや実物寸法に基づいた燃料キャップ角部の円形処理など、繊細な表現も見物。

■陸軍 九七式軽装甲車[テケ]

(1/35 税別3500円)

●ファインモールド ㊐ファインモールド

●九四式軽装甲車を発展改良した車両ともいえる九七式軽装甲車もファインモールドから発売。こちらは室内やエンジンも再現する意欲的なキットだ。同社キットではめずらしく戦車長のフィギュアもセットされている。箱絵では砲塔に37㎜戦車砲を装備しているが、キットは重機関銃搭載型とのコンバーチブル。組み立て説明書が少々解りづらいので、とくに37㎜砲搭載型を再現する場合はよく確認しよう。

1陸軍 九四式軽装甲車[TK]

(1/35 税別3000円)

2陸軍 九四式軽装甲車 後期改修型

(1/35 税別3000円)

●ファインモールド ㊐ファインモールド

●実車のサイズが軽自動車程度の大きさのため、1/35スケールとなるとこまかなパーツも多いが、キット自体は精度がいいので組み立てはスムーズ行なえる。接地安定性向上のため誘導輪が大型化した「後期改修型」も発売中。

問い合わせ先一覧

・タミヤ ☎054-283-0003 ・ファインモールド ☎0532-23-6810

1

2

❶陸軍　二式砲戦車[ホイ]
(1/35 税別3800円)

❷陸軍　三式砲戦車[ホニIII]
(1/35 生産休止 税別3800円)
●ファインモールド
問ファインモールド

●「ホイ」、「ホニIII」ともに数十両しか生産されず、本土防衛用に温存され、実戦参加することなく終戦を迎えた。「二式砲戦車［ホイ］」には女学生のフィギュアが付属。「三式砲戦車[ホニIII]」では搭載する九〇式野砲を砲塔内部まで再現している。

1

2

❶陸軍　九五式軽戦車[八号]
(1/35 生産終了 税別3500円)

❷陸軍　九五式軽戦車[八号]北満型
(1/35 税別3500円)　●ファインモールド　問ファインモールド

●ファインモールド初の戦車キット。後に転輪ボギーの形状が異なる北満型も発売。ノモンハンで活躍したのはこのタイプ。初期ロットでは金属部品が多く含まれたが、後にプラスチックパーツに置き換えられた。

1

2

❶陸軍　三式中戦車[チヌ]
(1/35 税別3800円)
●ファインモールド　問ファインモールド

❷陸軍　三式中戦車[チヌ]長砲身型
(1/35 税別4000円)
●ファインモールド　問ファインモールド

●75㎜砲を搭載し、当時戦場に現れ始めたM4シャーマンにも対抗できる車両として期待された三式中戦車。その開発スピードの早さでも知られ、開発着手からわずか2ヶ月で2両の試作車が完成している。三式中戦車もファインモールドからリリース。75㎜砲は車内の砲尾周辺も再現。計画のみで終わった長砲身搭載型もバリエーションとして発売。

■陸軍　一式中戦車[チヘ]
(1/35 税別3800円)
●ファインモールド　問ファインモールド

●ノモンハンでの対戦車戦闘の戦訓から開発されたが、結局生産数は170両ほど。キットは2000年6月発売。三式中戦車と車体基本構造を同じくするが、車体上面の差異と新規に砲塔パーツを作り起こすことでイメージの異なる車両として存在感を有する。この砲塔パーツは当初、金型まで作りながらテスト成型品で「似てない」と開発陣が判断。1から金型を作り直したというエピソードが残されている。

■陸軍　五式中戦車[チリ]
(1/35 税別5700円)
●ファインモールド　問ファインモールド

●日本軍最後の正式戦車である五式中戦車。1/35ではともすると大味な板面構成となってしまいがちな車体や砲塔には、荒れた圧延鋼板を表現すべくテクスチャーが施されている。また、履帯は上下貼り合わせ構造の連結式組み立て式だ。装備は75㎜砲を搭載し、副砲である37㎜砲も再現。どちらも砲尾周りを忠実に再現している。実車は正式採用ながらも1両のみの完成。

❶陸軍　四式中戦車［チト］試作型　(1/35 税別4700円)
●ファインモールド　問ファインモールド

❷陸軍　四式中戦車［チト］量産型
(1/35 税別4700円)
●ファインモールド　問ファインモールド

●四式中戦車は試作型と量産型が2製品同時に発売された。試作型では鋳造砲塔だったのが量産型では溶接砲塔と、視覚的に明確な差異はもちろん、メンテナンスハッチの把っ手の数などこまかな違いも詳細に再現している。

1

2

2

1

4

3

6

5

『ガールズ&パンツァー』シリーズ

❶ガールズ&パンツァー劇場版 知波単学園 九七式中戦車[新砲塔チハ]前期車台 (1/35 税別4300円)

❷ガールズ&パンツァー劇場版 知波単学園 九七式中戦車[チハ]57㎜砲搭載・新車台 (1/35 税別4300円)

❸ガールズ&パンツァー劇場版 知波単学園 九五式軽戦車[八号] (1/35 税別4000円)

❹ガールズ&パンツァー劇場版 アリクイさんチーム 三式中戦車[チヌ]&フィギュアセット (1/35 税別4800円)

❺ガールズ&パンツァー劇場版 アヒルさんチーム 八九式中戦車甲型新車台 (1/35 税別4800円)

❻ガールズ&パンツァー　リボンの武者 九七式軽装甲車[テケ] (1/35 税別3800円)

●ファインモールド　問ファインモールド

●ファインモールド製のキットに専用デカールや新規パーツを付属した『ガールズ&パンツァー』シリーズ。同社のキットがさらに組みやすいように考慮されている。八九式中戦車甲型のみベルト式で、その他の製品は部分連結式の履帯。どちらも組み立ては容易かつ、再現度も高い。同社のエッチングパーツや金属砲身などを使用してディテールアップすることも可能。純正パーツなのでキットとパーツとの合いは抜群。❸の九五式軽戦車はP10でも紹介しているように完全新金型の製品。

❶帝国陸軍 九七式中戦車「チハ」57㎜砲搭載・前期車台]
(1/35 限定版 税別4000円)

❷帝国陸軍 九七式中戦車「新砲塔チハ相模造兵廠型」
(1/35 限定版 税別3800円)

●ファインモールド 問ファインモールド

●砲塔と車体のさまざまな組み合わせがある九七式中戦車から、旧砲塔／旧車台を再現したものと新砲塔と新車台を再現したものも製品化されている。「新砲塔チハ相模造兵廠型」は、マフラーカーバーを再現するエッチングパーツとデカールを新規で追加。これらの製品も限定生産となっており、現在は流通在庫のみ。

2

1

■帝国陸軍 九五式軽戦車「ハ号」指揮車型
(1/35 限定版 税別4300円)

●ファインモールド 問ファインモールド

●砲塔に鉢巻のような外周型アンテナを装備した九五式軽戦車の指揮車を再現した製品。中国に展開した戦車13連隊に配備されていた車両を製作することができる。追加された外周型アンテナのパーツはロストワックス製で、残念ながら再生産の予定がない限定生産製品となっている。

■ヴィッカース・クロスレイ M25 装甲車 日本陸軍／海軍陸戦隊仕様
(1/35 税別4000円)

●ピットロード 問ピットロード

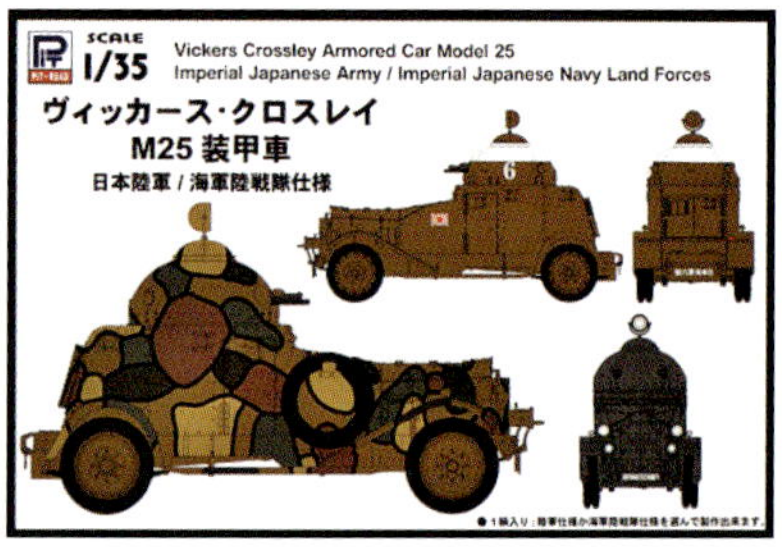

●イギリスが開発した装輪装甲車で、特徴的な半球状の銃塔を備えた姿をインジェクションプラスチックキットで立体化。日本陸軍がこれを輸入し使用していたほか、日本海軍でも陸戦隊に配備されていた。陸軍仕様のタイヤ、ホイールの他、ステップ周りの新規パーツを追加され、迷彩パターンのカラーガイドも付属している。

■WWⅠ マークA ホイペット中戦車（日本限定版）
(1/35 税別6900円)

●タコム 問ビーバーコーポレーション

●日本陸軍が研究用にイギリスから購入したホイペットを再現できるキット。通常版である本家イギリス軍仕様との違いは、三年式機関銃が付属するほか、同社のMark.Ⅳ戦車を日本陸軍仕様にできるデカールとレジン製フィギュアが付属する。1680個の限定生産。

■日本帝国陸軍 九五式軽戦車ハ号 初期型
(1/35 税別3800円)

●サイバーホビー 問プラッツ

●実質的に日本軍の主力を担った九五式戦車は、ドラゴン／サイバーホビーの日本人スタッフによる設計でも立体化されている。スライド金型を多用した非常にディテールフルな仕上がりで、転輪のゴム部に刻印された社名もモールドされている。製品に付属する竹一郎氏原型のフィギュアは日本国内限定のアイテムとなっている。

❶日本陸軍 九二式重装甲車（前期型）
(1/35 税別3800円)

❷日本陸軍 九二式重装甲車（後期型）
(1/35 税別3800円)

●ピットロード 問ピットロード

●1932年に正式採用された装甲車。搭載されている火砲は13㎜機関砲で、重装甲車と名付けられているが、いわゆる豆戦車（タンケッテ）である。ピットロードからは足周りがことなる前期型と後期型の両方が製品化されている。

1

2

❶日本帝国陸軍 九五式軽戦車ハ号（北満型）
(1/35 税別4400円)

❷日本帝国陸軍 九五式軽戦車ハ号 （北満型）w/アルミ製砲身
(1/35 税別5200円)

●サイバーホビー 問プラッツ

1

2

●北満型と呼ばれる転輪と転輪の間に小さな転輪を追加し、走破性を高めた九五式軽戦車のバリエーション。こちらも後期型と同じく、「九五式軽戦車制式化80周年記念版」として、アルミ砲身同梱版が日本国内限定で発売された。

❶日本帝国陸軍 九五式軽戦車ハ号後期型 w/アルミ製砲身
(1/35 税別5700円)

❷日本帝国陸軍 九五式軽戦車ハ号（後期型）
(1/35 税別4900円)

●サイバーホビー 問プラッツ

●日本人スタッフが設計したサイバーホビーの九五式軽戦車 ハ号。これはその後期型で、前面装甲のディテール、砲塔の細部、アールが付いたフェンダーなど、外観に大きく影響を及ぼさないような前期型との違いを忠実の再現している。アルミ製砲身が付属する「九五式軽戦車制式化80周年記念版」は、日本国内のみの限定販売。

1

2

問い合わせ先一覧
・大日本絵画 ☎03-3294-7861　・ビーバーコーポレーション FAX:0283-85-8830　・ピットロード ☎044-865-2460
・ファインモールド ☎0532-23-6810　・フジミ ☎054-286-0346　・プラッツ ☎054-345-2027

■日本海軍 水陸両用戦車　特二式内火艇 カミ 海上浮航形態（後期型フロート付き）

(1/35 税別5700円)

●サイバーホビー　問プラッツ

●水陸両用戦車である特二式内火艇のフロートまでをパーツ化した完全版。前部フロートは、一体型の前期型と左右分割型の後期型があり、本製品では後期型を製品化している。砲塔上部の展望塔や車体はスライド金型により、ディテールと形状の再現度が高い。後部フロートに配された舵は、実車どおりの薄さで再現されている。さらに、前部フロートは千島列島配備版、レイテ島版、アメリカ軍捕獲版の３種類を作り分けることが可能。

■日本海軍 水陸両用戦車　特二式内火艇 カミ

(1/35 税別4700円)

●サイバーホビー　問プラッツ

●日本海軍が陸戦隊用に配備した水陸両用戦車で、1/35スケール唯一の傑作キット。日本人スタッフが手掛けることで、プロポーションやディテールを忠実に再現。ドラゴン／サイバーホビーが発売した初の1/35日本軍車両である。

唯一の八九式中戦車乙型キット

■八九式中戦車乙型

(1/35 マガジンキット)

問大日本絵画　☎03-3294-7861

●初の純国産戦車として誕生した八九式中戦車は、その後の日本軍戦車の礎となる車両である。そんな重要な戦車でありながら、長らくプラスチックキットによる立体化が行なわれなかった八九式が、待望の初プラスチックキット化。『月刊アーマーモデリング誌』の2010年11月 ～2011年1月 の3号に分かれたマガジンキットを組み立てることで、精巧な八九式中戦車乙型を組み上げることができる。キットはファインモールド製で、後に発売される『ガールズ&パンツァー』仕様は甲型であるため、現在のところ乙型を再現したのはこのマガジンキットだけとなっている。

■月刊アーマーモデリング 2011年1月号

(税別2667円)

※在庫終了につき店頭在庫のみ

■月刊アーマーモデリング 2010年12月号

(税別2667円)

■月刊アーマーモデリング 2010年11月号

(税別2667円)

1

2

1日本陸軍 九七式中戦車 チハ

(1/76 税別900円)

2日本陸軍 九七式中戦車 改 チハ

(1/76 税別900円)

●フジミ　問フジミ

●鉄道模型の00ゲージと同スケールとなる1/76スケールを採用したフジミの『ワールドアーマー』シリーズでは、九七式中戦車チハと九七式中戦車 チハ改の２両が製品化されている。1970年代に製品化されたベテラン中のベテランキットだが、実車が持つ特徴を1/76に落とし込み、スケール感に沿ったフォルムとディテールを再現している。車体下部は箱組みで構成されており、組み立ても容易で、同スケールのフィギュアも付属する。同梱されるマーキングデカールにより戦車第１連隊 第１中隊所属車など十数種類のなかから選んで製作することができる。

ミニスケール

●新たに発見された幻の超重戦車「オイ車」の開発史料を元に、ファインモールドが1/72スケールで立体化。発見された史料のなかに本車の図面もあり、それを元にした設計が行なわれている。箱型の車体もさることながら、主砲塔をふくめ、副砲塔、銃塔は六角形をしており、非常に独創的なその姿を手のひらサイズで楽しむことができるぞ。

■陸軍　150ｔ超重戦車[オイ]

(1/72 税別4000円)

●ファインモールド　問ファインモールド

3

2

1

6

5

4

9

8

7

1九五式軽戦車 八号

(1/72 税別1400円)

2日本帝国陸軍 九五式軽戦車八号（後期型）

(1/72 税別1900円)

3日本陸軍軽戦車 九五式 八号 北満型

(1/72 税別1400円)

4九七式中戦車 チハ 初期生産型

(1/72 税別1400円)

5九七式中戦車 チハ 新車台「サイパン 1944年」

(1/72 税別1400円)

6日本帝国陸軍 四式軽戦車 ケヌ

(1/72 税別1600円)

●ドラゴン　問プラッツ

※2015年11月現在、店頭在庫のデータ。今後の入荷品は名称、価格が変更されます。

7日本海軍 水陸両用戦車 特二式内火艇 カミ

(1/72 税別1600円)

8特二式内火艇 カミ フロート付 前期型

(1/72 税別1800円)

9特二式内火艇 カミ（後期型フロート付）

(1/72 税別2000円)

●1/35スケールでも数々の傑作キットを輩出しているドラゴンだが、1/72スケールのAFVモデルも数多く発売している。スライド金型を多用することで1/35のディテールをギュッと1/72に落とし込み、情報過多とも思える精密感を実現している。ラインナップは九五式軽戦車八号、九七式中戦車チハ、二式内火艇カミのそれぞれのバージョンと四式軽戦車ケヌの９種類となっている。

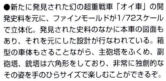

履帯パーツ

1[ATL-151] TYPE 95 "HA-GO" (1/35 税別4300円)
2[ATL-70]九七式 (1/35 税別4300円)
●フリウル 問M.S Models

●ホワイトメタル製の履帯を金属線などで連結する可動履帯。組み立て後は自重の重さでリアルな履帯の垂みが再現できるようになっている。メタルプライマーや各下地処理材で塗装をしておけば通常の模型用塗料で塗装も可能。金属を酸化させて色を付ける専用の黒染め液も発売されている。染めた後に接地面を金ブラシなどで磨くとリアルな金属感が出る。黒染め液を使用する時は油性分を落としてから液に漬ける必要があり、長く漬けすぎると錆びた色になってしまうが、逆にそれを利用して廃棄車両などに使うこともできる。

1九七式(一式・三式)中戦車用履帯(可動式)
(1/35 税別4000円)
2九五式軽戦車用履帯(可動式)
(1/35 税別3500円)
3九四式軽装甲車用履帯(可動式)
(1/35 税別3500円)
4八九式中戦車用履帯(可動式)
(1/35 税別2500円)
●モデルカステン 問モデルカステン

●モデルカステンから発売されているインジェクションプラスチック製の連結可動履帯。タイプによって組み立て方はさまざまだが、基本的には連結ピンに少量の接着剤を付けて連結し、乾燥後は実物同様の動きで可動するようになる。履帯のたるみも連結するコマ数を調整して再現できる。

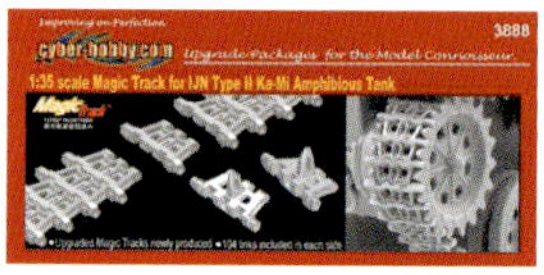

■特二式内火艇(カミ)用マジックトラック
(1/35 税別1900円)
●サイバーホビー 問プラッツ

●サイバーホビーから発売されている特二式内火艇用の接着連携式の履帯。元からキットに付属する軟式素材のベルト式履帯から交換することでさらにシャープな履帯が再現できる。

■帝国陸軍97式"チハ"中戦車用可動履帯セット ((1/35 税別1600円)
●ヴィジョンモデルズ 問M.S Models

●タミヤ、ファインモールド両社製キットに対応している九七式用の可動履帯。クリッカブルな若干やわらかいプラスチックで成型されていて、組み立ても簡単だ。連結ピンの形状までしっかりと再現されている。

その他のアフターパーツ

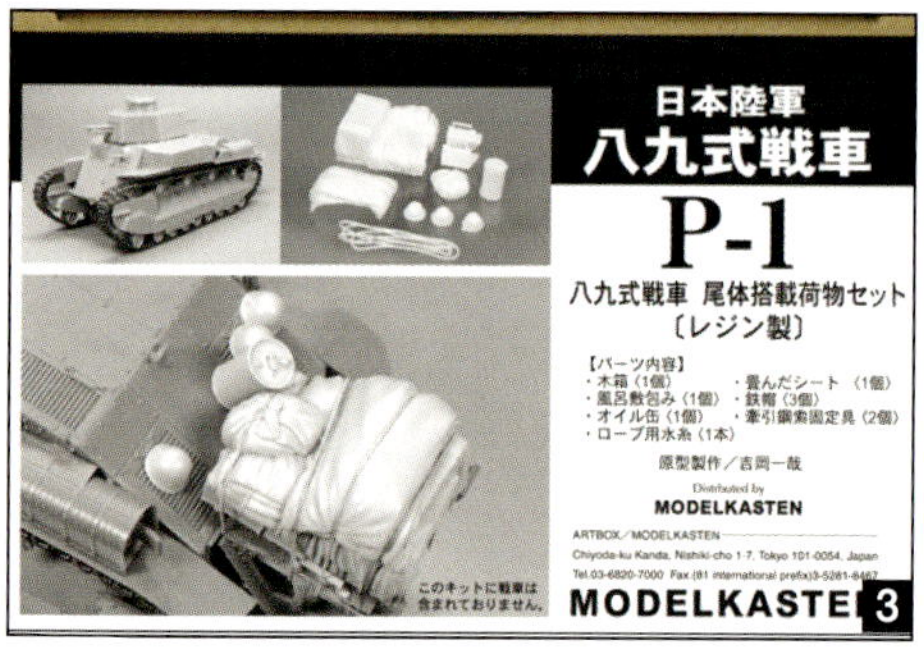

3八九式戦車 尾体搭載荷物セット
(1/35 税別2380円)
●モデルカステン 問モデルカステン

●吉岡和哉氏が原型を担当したレジンキャスト製の八九式用荷物セット。実際の記録写真などでよく見受けられる尾体部分に荷物を搭載した八九式をリアルに再現できる。主に一体成型パーツなので車両への取り付けも簡単だ。

▲MGデカール ガールズ&パンツァー Vol.2
(1/35 税別1905円)
※モデルカステン直販のみ
●モデルカステン
問モデルカステン

1日本陸軍・九七式中戦車系列用エッチングパーツセット
(1/35 税別1300円)
■日本陸軍・三式中戦車用アクセサリーセット
(1/35 税別1300円)
■日本陸軍・一式中戦車用アクセサリーセット
(1/35 税別1300円)
■日本陸軍・九五式軽戦車エッチングパーツセット
(1/35 税別1300円) ※生産終了
■日本陸軍・四式中戦車用エッチングパーツ
(1/35 税別1300円)
●ファインモールド
問ファインモールド

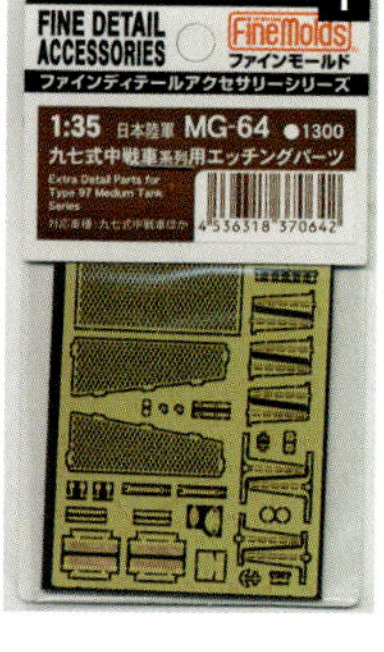

▶戦車模型での定番アフターパーツのひとつであるエッチングパーツ。ファインモールドはこの九七式用のほかにも自社製の日本軍戦車キット用エッチングパーツセットを発売中。

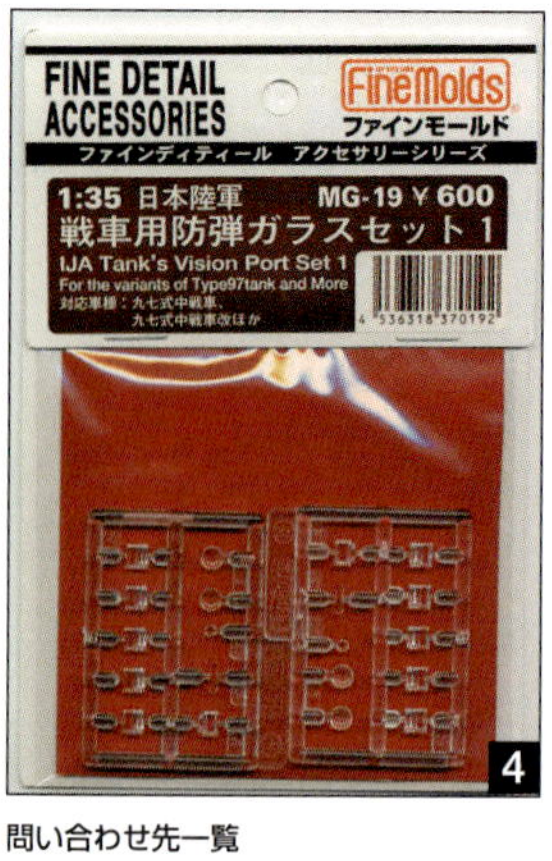

4日本陸軍・戦車用防弾ガラスセット
(1/35 税別600円)
●ファインモールド
問ファインモールド

●戦車長キューポラ内部に使用できる防弾ガラスが再現されているクリアパーツセット。ハッチを開いた状態で製作した時に効果を発揮するだろう。そのほかにもヘッドライトなどのレンズパーツも2種類付属しており、簡単にディテールアップを施すことができる。

金属砲身

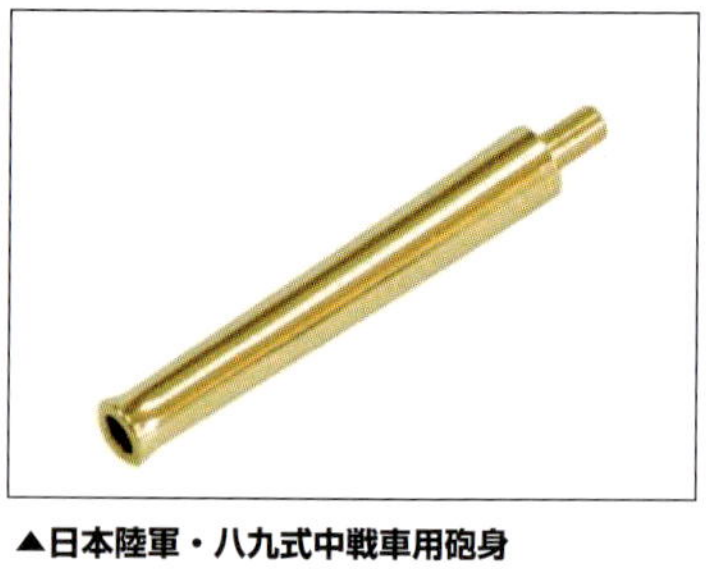

▲日本陸軍・八九式中戦車用砲身
(1/35 税別900円)
■日本陸軍・九五式軽戦車用37mm砲 砲身
(1/35 税別800円)
■日本陸軍・三式砲戦車用75mm戦車砲 砲身
(1/35 税別1200円) ※生産休止
■日本陸軍・九七式中戦車[新砲塔チハ]/一式中戦車用47ミリ戦車砲 砲身
(1/35 税別900円)
■日本陸軍・二式砲戦車用75mm戦車砲 砲身
(1/35 税別800円)
■日本陸軍・九七式中戦車用57mm砲 砲身
(1/35 税別800円)
■日本陸軍・五式中戦車用砲身セット
(1/35 税別1600円)
■日本陸軍・三式中戦車(長砲身)用砲身
(1/35 税別1200円)
■日本陸軍・四式中戦車用砲身
(1/35 税別1200円)
●ファインモールド 問ファインモールド

問い合わせ先一覧
・M.S Models Webサイト:http://msmodels.co.jp/ ・GSIクレオスホビー部 ☎03-5211-1844 ・タミヤ ☎054-283-0003 ・バウマン ☎03-6411-3414
・ピットロード ☎044-865-2460 ・ファインモールド ☎0532-23-6810 ・プラッツ ☎054-345-2027 ・モデルカステン Webサイト:http://www.modelkasten.com/

フィギュア

■日本陸軍将校セット
(1/35 税別1400円) ●タミヤ ㊂タミヤ

●将校４人が野戦会議を行なっているシチュエーションが再現できるタミヤのフィギュアセット。フィギュアのほかにも机と椅子、野戦電話機などのアクセサリーも豊富に付属されている。大尉から少尉までの階級章デカールも用意されている。

■日本陸軍歩兵セット
(1/35 税別700円)
●タミヤ ㊂タミヤ

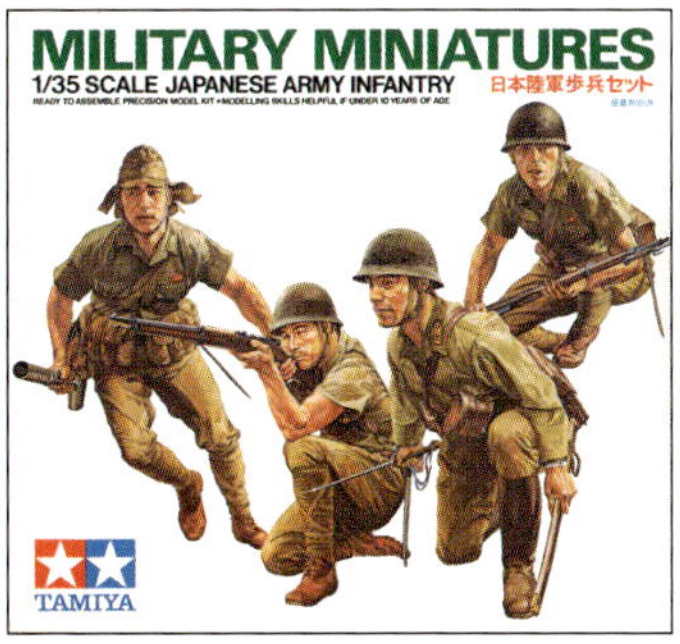

●日本陸軍の戦闘中のシーンを再現できる将校１体と小銃や重擲弾筒などを手にしている兵士３体の合計４体のフィギュアセット。軍刀を持った将校は防暑略衣とブーツ、三八式歩兵銃を手にしている兵士達は南方戦線でのよく観られた半袖防暑シャツ姿で再現されている。各フィギュアはヘルメットと帽垂れ付き略帽とを選択することができる。

1

2

1帝国陸軍戦車兵セット
(1/35 税別1200円)

2帝国陸軍戦車兵セット 2
(1/35 税別1200円)

●ファインモールド ㊂ファインモールド

●熱地用被服(防暑服)の兵士と防寒作業服の兵士、昭五式軍衣の将校、九八式軍衣の下士官といったすべて種類の違う軍装で様々な戦域や年代に対応した戦車兵フィギュア4体が入っている帝国陸軍戦車兵セットと昭和十三年に改正された九八式軍衣の将校と下士官各１体、作業服を着用した兵2体の合計4体入りの帝国陸軍戦車兵セット２両セット。両セットとも塗装では再現がむずかしい階級章、肩章と連隊番号のデカールが付属する。同社の陸軍歩兵セットと同様に日本人的な表情や体格が再現されていて、ぜひとも日本軍戦車といっしょに情景で使用したい。

■帝国陸軍歩兵 行軍セット
(1/35 税別1800円) ●ファインモールド ㊂ファインモールド

●６体の九八式軍衣を着た日本陸軍歩兵フィギュアセット。ファインモールドらしく顔つきや体格はまさに日本人だ。軍装などは実物を採寸して再現してある。付属の装備品もレーザー加工を駆使して再現された小銃や拳銃、実物を３Dスキャンして設計されたヘルメットなど、非常に精密に作られている。

1日本陸戦隊&米海兵隊5体タラワ戦1943肉兵戦 (1/35 税別1400円)
●マスターボックス ㊂バウマン
●マスターボックスが発売しているタラワ戦に特化しているフィギュアシリーズ、ブラッディーアトールシリーズの第３弾。日本軍兵士2体とアメリカ軍海兵隊兵士３体のセット。

1

2日・海軍陸戦隊4体タラワ戦1943突撃シーン (1/35 税別1300円)
●マスターボックス ㊂バウマン
●タラワ戦ブラッディーアトールシリーズの第一弾。日本海軍守備隊の４体がセットなっている。雑嚢や背嚢などの装備品のほか寄せ書きがされた日本国旗のデカールが６種類入っている。

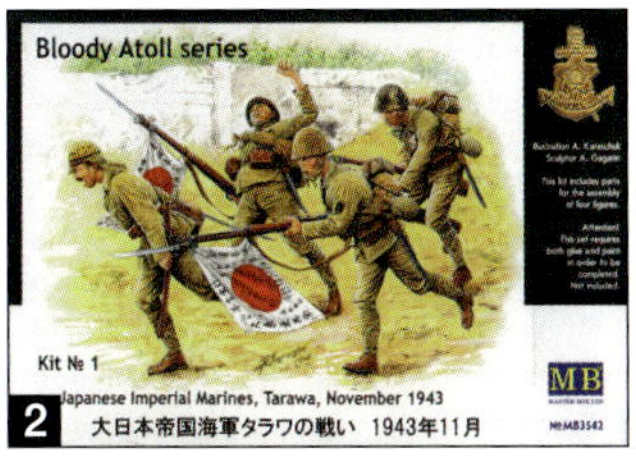

2

■日本戦車兵 フィギュアセット 5体入り
(1/35 税別1300円)
●ミニアート ㊂GSIクレオス
●開襟軍服を着た戦車体将校１体と作業衣着用の戦車兵４体で構成されているフィギュアセット。品名が日本戦車兵となっているが帝国陸軍の戦車兵が再現されているので、海軍陸戦隊の戦車などには使用できないので注意する。

■日本陸軍 九二式重機関銃
(1/35 税別2400円)
●ピットロード ㊂ピットロード
●太平洋戦争を通して使用され、九二式重機関銃と射手兵士フィギュアが同封されたセット。支柱を使用して対空射撃時も再現できる。フィギュア原型は竹一郎氏が製作。

1

1日本帝国陸軍 歩兵 ペリリュー 1944 (フィギュア4体セット) (1/35 税別1600円)
●ドラゴン ㊂プラッツ
●将校が１体と機関銃兵が２体、小銃兵１体の合計４体のフィギュアセット。服装は太平洋戦争時での南方でよく見られたものなのでペリリュー戦以外の地域設定でも幅広く使用可能。

2

2日本陸軍兵士 硫黄島1945
(1/35 税別1900円)
●硫黄島での日本軍守備隊兵士４体のフィギュアセット。三八式歩兵銃と九六式軽機関銃を手にしていて先端にはどれも着剣されている。飯盒や水筒などの装備品なども充実している。

1帝国陸軍戦車長 feat.中村 桜フィギュア
(1/35 税別2800円)
※モデルカステン通販限定
●モデルカステン ㊂モデルカステン

1

●陸上自衛隊土浦駐屯地での取材時に軍装を纏った中村桜さんの姿をもとに製作されたレジンキャスト製フィギュア。代表的な日本陸軍戦車のキューポラは直径がほぼ同じなので各戦車に使用可能だ。

2〈限定版〉レジンキャスト製 1/35 戦車長ヘッド入 1/35 日本陸軍戦車兵2体セット (1/35 税別1800円)
●モデルカステン ㊂モデルカステン

2

●日本陸軍戦車兵2体セット。八九式戦車の指揮官として名高い西住小次郎大尉をモチーフに竹一郎が原型を制作したヘッド付。将校用サーベル、竹竿に装着した指揮官旗などのアクセサリー類も充実。

Armour Modelling 推薦

日本軍戦車模型参考資料ガイド

歴代の戦車をはじめ、軽装甲車や自走砲など代表的な日本軍装甲戦闘車両のプラモデルは出揃ったといっていいだろう。その人気を反映してか、参考資料も内外から多数が刊行されている。ここでは、本書の版元である大日本絵画の戦車関連書籍から、日本軍戦車モデリングの参考資料となるものをご紹介しよう。

人気アニメ『ガールズ&パンツァー』に関連するシリーズから、2冊をご紹介。

■ガールズ&パンツァー モデリングブック2
ザ・スターティング・フォー・パンツァー・モデラーズ
●大日本絵画 刊/税別3000円

アニメ『ガールズ&パンツァー』を観て戦車模型に興味を持った初心者から、中級者に向けたモデリング・ガイド。八九式中戦車をメインに、Ⅳ号戦車D（F2）型、ルノーB1bis、ポルシェティーガーのプラモデルをカッコよく作る方法を1200枚オーバーの写真を使って懇切丁寧に教えてくれる。工具や工作素材の選び方、組み立てと塗装、ウェザリング&デカール、さらに上級テクまで、楽しい模型製作を指南。

■アハトゥンク・ガールズ&パンツァー
ガールズ&パンツァー公式戦車ガイドブック
●大日本絵画 刊/税別2000円

八九式中戦車をはじめとするTVシリーズのアニメに登場する戦車の全CG設定図を収めた"公式戦車ガイドブック"。劇中で使用されたCGモデルの6面図ならびに車内設定、人員配置図など、アニメ制作のための公式図版を完全収録。劇中の設定および実車に即した機能説明など解説も充実。プラモデルを劇中の仕様で作るために欠かせないのはもちろん、これを読めばアニメをより深く楽しむことができる。

英国オスプレイ社のミリタリー・シリーズにも日本軍を扱った2冊がラインアップ。

■世界の戦車イラストレイテッド37
日本の戦車1939-1945
●大日本絵画 刊/税別1900円

1920年代から'30年代を通じて日本軍は斬新な戦車を開発し、日中戦争を優位に進めた。第二次大戦の緒戦でも、戦車の通過が不可能と思われていたジャングル戦で見事な迂回機動により戦車部隊を駆使して大戦果を挙げた。しかし、やがて戦車の開発は停滞し、時代遅れとなってしまうのだった。詳細な記事と写真、イラストにより、アメリカ人専門家の視点が日本軍戦車に迫る。

■世界の軍装と戦術5
第二次大戦の帝国陸軍戦車隊
●大日本絵画 刊/税別2800円

日本軍戦車は歩兵の戦闘支援を主任務として開発されたため、対戦車戦闘能力と装甲防護力には劣るものの、機動力にはすぐれたものがあった。日本軍戦車部隊の構成からドクトリン（教義）、慣習、戦歴までをまとめた英文図書（邦人との共著）を訳出。日本独自の部隊編成から訓練、戦術に加え、中国、マレー、ビルマ、フィリピン、太平洋諸島での作戦史および戦車兵の戦闘手記も収録。

『日本陸軍の機甲部隊』シリーズ三部作。3冊それぞれが資料性の高いコンテンツを満載。

■日本陸軍の機甲部隊1
鋼鉄の最精鋭部隊
●大日本絵画 刊/税別4800円

昭和16年に創刊された『FRONT』は、当時の日本を代表する人材と機材が集められ、驚異的な洗練と完成度を誇っていた。この写真集は、千葉陸軍戦車学校と習志野騎兵学校を取材し、菊池俊吉がテクニックの限りを尽くして撮影した150点をネガナンバー順に掲載。数十両の戦車を連ねた機動演習のダイナミックな光景から、個々の車両や兵員の服装ディテールまでを鮮明に読み取ることができる。

■日本陸軍の機甲部隊2
大陸の機甲戦闘演習
●大日本絵画 刊/税別4800円

軍と財閥の後援により、国家的な威信をかけて創刊された伝説的グラフ誌『FRONT』。その写真部に在籍したカメラマン菊池俊吉が残したオリジナル・ネガから起こした写真集。旧満州に創設された教導戦車隊の演習をメインに、代々木練兵場での観兵式、戦車隊の銀座パレードなど、部外の者では撮影できない迫力ある画像150点をネガナンバー順に掲載。生き生きとした兵員の表情をも再現している。

■日本陸軍の機甲部隊3
日本軍戦闘車両大全
装軌および装甲車両のすべて
●大日本絵画 刊/税別4300円

旧軍資料に基づき、ファインモールドの作図による日本軍戦車の基本塗装パターンと迷彩塗装の変遷を、1/35スケールのカラー図（主要な例は上下左右+上面の5面）として掲載。現存する八九式中戦車と九七式中戦車のディテール写真集とともに模型製作の参考資料に好適。後半は、「日本陸海軍 装軌・装甲車両総覧」として、1917年から終戦までの日本車両のほぼ全てを、写真とともに登場年順に掲載。

本書協力モデラー

片上雅春
Masaharu
KATAGAMI

●主に日本軍車両を製作。車外はもとより室内の細部まで作り込む一貫したスタイルで作品を発表。製品化されていない車両は図面を参考に作り起こすほどの腕の持ち主。

小只理太
Rifuto
OTADA

●月刊『アーマーモデリング』で活躍中の若手モデラー。ファレホアクリルを使用した鮮やかかつ繊細な陰影表現が特徴のフィギュアペインター。その腕前はかなりのもの。

祝 太郎
Taro
SHUKKU

●日本軍車両や連合軍車両の作例を多く発表してるAFVモデラー。AFV作品では使いにくい鮮やかな色彩を積極的に取り入れるほか、人間味のあるフィギュア塗装が持ち味。

石橋浩之
Hiroyuki
ISHIBASHI

●俗に“組みにくい”と言われるキットを主に製作している苦労好きモデラー。変わり者（？）ともとれるが、じつは物作りの楽しさの本質を知るモデラーのひとり。

竹内邦之
Kuniyuki
TAKEUCHI

●2012年キャコンのグランド・マスター。アルコール落としやダークドライブラシなどの独特のウェザリングテクニックを使い個性的に仕上げられた作品を数多く発表している。

竹 一郎
Ichiro
TAKE

●有名メーカーの原型を多く手掛けるフィギュア原型師。ほかの誰とも異なる精悍な印象のフィギュア造形で知られる。絵画調になりすぎない「リアル」を意識した塗りも特徴。

高石 誠
Makoto
TAKAISHI

●チッピングやパステルを使ったウェザリング表現でその名は世界的に轟く。MIG氏をはじめとした海外モデラーにも多大な影響を与えるワールドクラスのトップモデラー。

齋藤仁孝
Yoshitaka
SAITO

●気がついたら長く業界に留まっているが、特になにが得意ということも無い中堅モデラー。無類の模型好きで、作品、作業の工程をロジカルに解説する能力には定評がある。

野原慎平
Shinpei
NOHARA

●月刊アーマーモデリングの編集員を務めながら作品を発表する若手モデラー。キャコンの最年少グランドマスターを持つ。破壊・遺棄された車両表現を得意とする。

ホセ・ルイス・ロペス
José Luis
LÓPEZ

●基本塗装の前から陰影を付けてしまうブラック＆ホワイト塗装法を編み出したスペイン人モデラー。その技法だけを解説した書籍や塗料も発売されるなどその注目度は高い。

平野義高
Yoshitaka
HIRANO

●日本を代表するフィギュアマイスター。表情や心情まで読み取れるフィギュア塗装は氏の真骨頂。原型師として手掛ける製品は国内のみならず海外の製品にも及ぶ。

住友たかひろ
Takahiro
SUMITOMO

●長年に渡り数多くの作品を模型誌で発表しているベテラン。自身のホームページである「週末模型親父の部屋」は通算300万アクセスを超え、常に注目されている人気モデラー。

渡辺大輔
Daisuke
WATANABE

●2013年キャコングランド・マスター。AFVモデルが主だが他のジャンルの模型も製作するマルチモデラー。カラーモジュレーションとバランスの取れたウェザリングが魅力。

吉田伊知郎
Ichiro
YOSHIDA

●月刊『アーマーモデリング』で連載記事を持ち、ゲームのグラフィックのような仕上げを得意とする。アメリカ留学の経験があり、海外モデラーとの交流も深い。

山口由幸
Yoshiyuki
YAMAGUCHI

●自身のブランドで、おもに日本軍～自衛隊のフィギュアをラインナップする「グレナディアモデル」を運営する原型師。自身も作例を発表しつつ製品開発に勤しんでいる。

山口まさかず
Masakazu
YAMAGUCHI

●映像監督を本業とする関西在住のモデラー。カラーモジュレーションやチッピングを積極的に取り入れた作風で、戦車模型のみならずキャラクターモデル作品にも応用し発表している。

日本軍戦車モデリングガイド

■スタッフ STAFF

編集 Editor	アーマーモデリング編集部
撮影 Photographer	株式会社インタニヤ ENTANIA
アートデレクション Art Directorr	丹羽和夫（九六式艦上デザイン） Kazuo NIWA
協力 Special Thanks	ファインモールド　鈴木邦宏 Finemolds　Kunihiro SUZUKI
	きたみみちお Michio　KITAMI

日本軍戦車モデリングガイド

発行日	2015年12月19日 初版第1刷
発行人	小川光二
発行所	株式会社 大日本絵画 〒101-0054 東京都千代田区神田錦町1丁目7番地 Tel 03-3294-7861(代表)
URL	http://www.kaiga.co.jp
編集人	市村弘
企画／編集	株式会社 アートボックス 〒101-0054 東京都千代田区神田錦町1丁目7番地 錦町一丁目ビル4階 Tel 03-6820-7000(代表)
URL	http://www.modelkasten.com/
印刷／製本	大日本印刷株式会社

Publisher/Dainippon Kaiga Co., Ltd.
Kanda Nishiki-cho 1-7, Chiyoda-ku, Tokyo 101-0054 Japan
Phone 03-3294-7861
Dainippon Kaiga URL; http://www.kaiga.co.jp
Editor/Artbox Co., Ltd.
Nishiki-cho 1-chome bldg., 4th Floor, Kanda
Nishiki-cho 1-7, Chiyoda-ku, Tokyo 101-0054 Japan
Phone 03-6820-7000
Artbox URL; http://www.modelkasten.com/

定価はカバーに表示してあります。
ISBN978-4-499-23171-8

内容に関するお問い合わせ先	03(6820)7000 (株)アートボックス
販売に関するお問い合わせ先	03(3294)7861 (株)大日本絵画